| 나를 깨우는 성공의 지혜 |

성공의 심리학

Copyright ⓒ 2008 by Brian J. Donley
Original Copyright ⓒ 1909 by Newton N. Riddell

All rights reserved. No part of this book shall be reproduced or transmitted in any form or by any means, electronic, mechanical, magnetic, photographic including photocopying, recording or by any information storage and retrieval system, without prior written permission of the publisher. No patent liability is assumed with respect to the use of the information contained herein. Although every precaution has been taken in the preparation of this book, the publisher and author assume no responsibility for errors or omissions. Neither is any liability assumed for damages resulting from the use of the information contained herein.

KOREAN language edition ⓒ 2010 by Lee&Kim Books
KOREAN translation rights arranged with Columbine Communications & Publications, USA through EntersKorea Co., Ltd., Seoul, Korea.

이 책의 한국어판 저작권은 ㈜엔터스코리아를 통한 저작권사와의 독점 계약으로
도서출판 이김북스가 소유합니다. 신 저작권법에 의하여 한국 내에서 보호를 받는
저작물이므로 무단전재와 무단복제를 금합니다.

| 나를 깨우는 성공의 지혜 |

성공의 심리학

뉴턴 N. 리델 원작 | 브라이언 J. 돈리 편저
유지훈 옮김

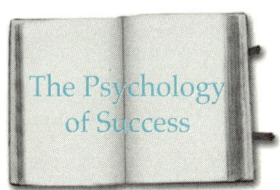

이김북스

어떻게 읽을 것인가?

『성공의 심리학』에 담긴 비결을 '배우고' '적용하며' '가르치기'에 앞서, 앞으로 펼쳐질 방법론은 어떤 신념이나 가치관에도 공통적으로 적용될 수 있다는 점을 먼저 밝히고 싶다.

본문에는 '하나님'이 40번 등장하지만 불교나 이슬람 혹은 유대교인들도 거부감을 느끼지 않고 읽을 수 있다. 보편적 원리는 장소(집이든 직장이나 학교, 놀이터, 교회, 회당, 사원 등)나 신앙관(정기나 영 혹은 기氣를 믿든)에 관계없이 다 통하기 때문이다.

자의식을 자극하라

우선, 원리에 내재된 방법론이 글로벌 사회의 근간을 세우는 데 필요한 '성공'을 의식케 해줄 것이라는 확신이 있어야 한다.

기초 원리와 '코드'가 맞는 사람들이 늘어난다면 잠재의식을 통해 제3자와의 교감이 일어나 그들까지도 성공을 의식하게 될 것이다.

 그러려면 먼저 자의식을 끄집어내어 그로부터 '상부구조superstructure'를 세워야 하는데, 이를 위해서는 학습과 적용 및 교육을 통해 뇌기능을 활성화하고 새로운 지혜를 창출하여 우리 자신부터 성공을 의식할 수 있어야 한다.

 좀 더 자세한 사항은 www.brianjdonley.com에서 확인할 수 있다.

Contents 차례

책을 펴내며 ...10
새롭게 엮으며 ...11

Intro. 배우고 적용하고 가르치기 ...16
01. 성공을 바라보는 시선 ...18
02. 성공과 영성 ...22
03. 중요한 것은 방법이다 ...26
04. 위인에게서 배워라 ...30
05. 기본 전제 ...34
06. 끌어당김의 법칙 ...36
07. 빚을 진 건 당신이다 ...42
08. 상대방의 장점을 배우라 ...44
09. 세상에 공짜는 없다 ...48
10. 운에 기대지 말고 목표를 향해 가라 ...50

11. 한 우물만 파라	...52
12. 열심히 일하라	...56
13. 정신 마술을 경계하라	...58
14. 하나님과 함께 서라	...62
15. 이기심은 자살 행위	...66
16. 언제 어디서나 기회는 찾아온다	...68
17. 성공 방법론	...74
18. 뇌는 쓸수록 발달한다	...80
19. 정신적 암시	...84
20. 암시 활용법	...88
21. 악은 은혜로 다스려라	...92
22. 결실 맺는 법	...98
23. 선한 기질은 평소에 길러라	...104
24. 인격을 담을 건강한 그릇을 준비하라	...108
25. 욕심을 절제하라	...118

차례
Contents

26. 에너지를 강화하라 ...122
27. 에너지를 통제하라 ...130
28. 사랑을 통해 생명력을 발산하라 ...136
29. 열정을 불태워라 ...140
30. 힘보다 머리를 써라 ...146
31. 주의력을 통해 인지 능력을 길러라 ...150
32. 집중력은 학습 효과를 높인다 ...154
33. 기억력을 길러라 ...158
34. 기억해 내기 ...162
35. 생각하는 법을 익혀라 ...166
36. 긍정적 사고 ...170
37. 한 번에 하나씩 집중력을 발휘하라 ...174
38. 독창성과 개성을 키워라 ...178
39. 인격과 힘 ...182
40. 인격과 명성 ...186

41. 감시자의 눈	...192
42. 살인자는 밝혀진다	...196
43. 자기 몫의 책임을 다하라	...200
44. 자신을 존중하라	...204
45. 벼는 익을수록 고개를 숙인다	...208
46. 최고의 영광, 신을 의지하라	...214
47. 균형 잡힌 인격은 반드시 승리한다	...220
48. 이완의 기술을 익혀라	...222
49. 섬김의 능력을 쌓아라	...228
50. 내일의 영웅이 되어라	...232
51. 샤스타의 네 얼굴	...236
52. 침묵의 고백	...242
53. 돈리의 법칙	...244
후기를 대신하여	...246

책을 펴내며

 이 책은 자기계발의 방법론을 살짝 귀띔해 줄 생각에서 쓰게 됐다. 최근 응용과학이 산업 전반에 혁명을 불러일으킨 것처럼 조만간 '응용심리학'과 '응용기독교' 역시 두뇌·인성 계발 기술에 일익을 담당할 것으로 보인다.

 지난 15년간 젊은이들이 성공에 필요한 조건을 갖출 수 있도록 지도해 줄 수 있어 뿌듯한 마음이었다. 그간 활용해 온 나만의 노하우는 훗날 '성공의 심리학'이라는 강의에 담았는데, 소문을 들은 청강생들이 대거 몰려든 탓에 나는 강의를 몇 번이고 반복해야 했다. 결국 첫 강의록(3부 중 1부)은 학생뿐 아니라 기업 고용주와 교육 관계자들의 출간 제의에 힘입어 탄생했다.

 모쪼록 이 책을 만난 것을 잘된 일이라 여기게 되길 바란다.

뉴턴 N. 리델

새롭게 엮으며

최근 서점을 인수한 후 아내 달라Darla와 책을 정리하던 중 『성공의 심리학』이 눈에 들어왔다. 훼손 정도가 심해 쓰레기통에 들어가야 마땅했으나 무심코 두어 페이지를 훑어본 순간, 나는 책에 '필'이 꽂히고 말았다. 당일 저녁때 읽으려고 따로 놓아두었는데 다 읽기 전에는 책이 손에서 떨어지지 않았다. 저자 뉴턴 N. 리델의 인생관에 푹 빠져든 탓에 약 4개월간 이 책을 읽고 또 읽었다. 인생의 수준을 끌어올리려는 연구에서 그의 성품을 느낄 수 있었다.

인터넷을 검색해 보니 이 책은 이미 절판되어 세인의 기억에서 사라진 지 오래였다. 그러나 20년간 자기계발서를 탐독해 온 나는 『성공의 심리학』이 자기계발서 시장에서 선두 주자가 되리라 확신한다.

지난 25년간 식품 업계에 종사하면서 소비자의 건강과 웰빙을 겨냥한 건강식품 개발에 주력해 왔다. 그러다가 몇 년 전, 심장질환 진단을 받은 후로는 립터Liptor와 스태튼Staten(심장마비와 뇌졸중을 유발하는 악성 콜레스테롤의 수치를 낮추는 스타틴 계열의 콜레스테롤 강하제―옮긴이)에 의존해야 했다. 지금껏 건강을 생각한답시고 섭취해 온 것이 몸에는 그다지 좋지 않았던 것이다. 과학은 지금도 몸의 기능을 향상시키는 그 무언가를 발견하려고 안간힘을 쓰고 있다.

몇 달간의 연구 끝에 나를 비롯하여 수백만 가족의 삶을 바꾼 허브 보조식품을 개발했다. 물론 형편만 받쳐준다면야 인생을 행복하고 건강하게 바꾸고 싶어 하지 않을 사람이 어디 있겠는가? 아내와 함께 웰빙 방법론을 닥치는 대로 섭렵하는 등 연구를 계속하면서, 수입도 늘리고 우리만의 식품영양 비즈니스를 전 세계에 홍보하기 위해 인터넷 서점을 매입했다.

"알아야 할 지식은 이미 책에 다 있다"고 어느 현인이 말했듯이, 인생과 장수의 비결 또한 수천 권의 책에 이미 기록됐으리라 믿는다. 다만 어떤 책을 읽고 무엇을 삶에 적용하며 가르치느냐가 문제일 뿐이다. 『성공의 심리학』을 읽고 배우고 적용하며 가르치면서 100년 전이나 지금이나 책의 진

가는 별반 다르지 않다는 점을 분명히 깨달았다.

지식과 지혜, 성공의 보고로 나와 함께 뛰어들지 않겠는가! 뉴턴을 비롯하여 그와 인연을 맺은 사람들이 인류를 사랑하고 헌신하겠다는 정신을 함께 새겼으리라는 생각이 문득 스친다. 성공은 배운 것을 삶에 적용하고 가르치는 자에게 돌아가는 법이다.

또한 인생은 시종일관 '모험$_{adventure}$'이다! 자세를 바로잡고 긴장을 풀어라. 책을 실컷 읽고 모험을 즐기라! 메모지와 펜을 곁에 두고 감흥이 떠오르면 적으면서 상상의 날개를 펼치라. 미처 깨닫기도 전에 '신세계'가 당신의 눈을 열면 꿈은 마침내 이루어질 것이다!

행복과 웰빙을 모두 누리길 바란다.

브라이언 J. 돈리

"세계의 창이 열렸어요.
그러니 마음의 눈을 뜨고 보세요."

다코타 브라이언 돈리 Dakota Brian Donley

2007년 5월 30일(당시 6세)

배우고 적용하고 가르치기

'깨닫고' '훈련하면' '보람 있는' 무언가를 이뤄낼 수 있는 천재성은 누구에게나 있다. 또한 인간의 뇌에 들어찬, 에너지와 포부의 '창고'는 각자가 자물쇠를 열고 끄집어내기만 하면 '일'을 낼 수 있으며, 각자의 영혼에 담긴 '선goodness'과 '신성divinity'이 사랑에 힘입어 인격으로 승화된다면 마침내 청렴하고 도덕적인 삶을 영위할 수 있을 것이다.

그러므로 상대방의 천재성을 일깨우고 에너지를 끄집어내며 신성을 승화시켜, 지성과 에너지, 양심의 조화를 이루게 한다면 당신은 이미 그에게 '성공의 심리학'을 전수한 셈이다.

성 공 으 로　가 는　시 크 릿

깨닫는다=배운다(L),
훈련한다=적용한다(A),
보람=가르침(T),
배우고 적용하고 가르치기(LAT).
이 비결은 앞으로 자주 접하게 될 것이다.

Awakened=Learn(L),

Trained=Apply(A),

Worthwhile=Teach(T)

Learn, Apply, Teach(LAT).

This secret will unfold as you keep reading!

성공을 바라보는 시선

무엇이 성공을 구성하는가? 사람이 현상을 똑같이 바라본다는 것은 관점이 같다는 것을 두고 하는 말이다. 이처럼 우리는 획일적 시각으로 '시도한 일의 성취'를 성공이라 생각해 왔다. 그러나 여기서 좀 더 넓은 안목으로 성공의 개념을 보아야 한다. 본디 성공은 개인적 차원에서 시작하여 사회와의 관계 속에서 생각해야 하며, 몇 년 후 삶에 나타나는 객관적 성과뿐 아니라 먼 미래에까지 미치는 영향력도 감안해야 한다. 즉, 개인의 성공은 가족과 이웃 및 또래 집단뿐 아니라, 전통과 인종의 진화, 하나님과 인간의 관계, 그리고 영원eternity에까지 영향력을 발휘할 수 있어야 한다는 이야기다.

우리는 지금껏 성공을 '우물 안 개구리' 식으로 접근해 온 탓에 통념상의 '성공'이 되레 실패에 가까운 경우가 비일비재했다. 이를테면, 일은 많이 벌여놨지만 성과가 별로 없으면 성공이 아니며, 타인의 수입으로 재산은 많이 키웠으나 정작 진정한 부를 창출하지 못했다면 그 역시 성공했다고 보지 않는다. 또한 건강이나 양심 혹은 인간성은 포기한 채 부나 명예를 얻고 위대한 업적을 이뤄냈다 해도 그를 성공했다고 하진 않으며, 직장 일로 가정을 등한시하거나 영성과 종교인다운 모습을 잃거나 혹은 시민의 의무를 다하지 않았을 때에도 그는 '루저'에 불과할 것이다.

그렇다면 성공의 기준은 무엇일까? 정직하게 해낸 일(A)과 벌어들인 소득이나 재산(A), 습득한 지식과 문화(L), 인성(L), 보람(A), 남에게 베푼 행복(T), 영향력(T) 및 인간의 진보와 조화를 이루는 시비스 징신(T)을 꼽을 수 있다.

성 공 으 로   가 는   시 크 릿

인간의 사고력에 비밀이 숨어 있다.
사고력을 발휘하여 배우고(L)
적용하며(A) 가르치라(T).
책 뒤편에 수록된 '돈리의 법칙'대로 하면
생각은 현실이 될 것이다!
무슨 일이든 시작은
마음속의 '씨앗'에서 출발한다는 것을 기억하자.
물론 하나님도 마음에 두어야 한다.

Human thinking. This is the secret —

Human Thinking Learn(L),

Apply(A), and Teach(T).

Read and follow DONLEY'S LAW at the end of the book

to change your thoughts into reality!

Remember, anything and everything started

as a seed in someone's Mind!

YES: Including God.

성공과 영성

'성공 success'이 풍성한 물질과 성숙한 영성 그리고 섬김을 두고 하는 말이라면 이 셋을 동시에 성취할 수 있는 비결이 분명히 존재할 것이다. 그러므로 '직장 일에 전념하면 수입은 짭짤할지 모르나 영적 삶은 해이해질 것'이라는 통념은 애당초 틀린 생각이다. 사실, 도덕성과 영성을 억누르지 않는 이타적 동기가 작용한다면, 부자가 되는 일이라 해도 영성이 성숙하는 데 보탬이 될 수 있다. 게다가 일에 몰두하는 사람들 대부분이 윤리 의식이 없다거나 영성도 기대할 수 없다는 증거는 아직 들어보지 못했는데, 이는 '동기 motive'가 성공을 좌우하기 때문일 것이다.

어떤 행동이든 정신이나 감정을 일으키는 동기가 그 결과를 좌우하므로, 동기가 이기적이면 목적이 위대한들 영성은 시들고 인생은 더욱 옹색해지지만, 조건을 따지지 않는 사랑이 있다면 소소하고 하찮아 보이는 행동도 덕과 영성의 밑거름이 될 것이다.

 복음을 전하거나 고귀한 소명을 감당한다면서 자기 배를 채우려는 자는 그토록 추앙받는 사역으로 되레 옹졸해지고 감정에 휘둘리며 영적 무기력증에 시달릴 것이다. 그러나 길거리를 청소하는 미화원이라 해도 때 묻지 않은 사랑과 섬기는 마음, 하나님의 영광이 그에게서 묻어난다면 보잘것없는 빗자루로도 아름다운 영성과 그리스도인의 성품을 키울 수 있을 것이다.

성 공 으 로　가 는　시 크 릿

성공은 사람, 즉 당신과 나를 비롯한
모두에게서 시작된다.
긍정적 정서가 영성을 키운다.
일이 따분하다면 생각을 바꿔라.
기분이 좋아질 것이다.

All success begins in the Human!
YOU, ME, HER, HIM, Positive Emotions=
Positive Soul Growth!
If you are not happy and excited about what you are doing,
make some adjustments and become happy and excited!

중요한 것은 방법이다

이 책의 목적은 비결을 제시하는 데 있다. 해야 할 일을 시시콜콜 일러주는 것은 쉽지만 그 비결은 다른 얘기다. 성공의 필수 요건을 단숨에 이야기해 주더라도 이를 달성할 방법을 모른다면 무슨 소용이 있겠는가? 그럼에도 우리는 '영양가 없는 worthless' 조언에 너무 익숙해 있다.

가령, 항상 시름에 묻혀 사는 여성이 있다고 치자. 남편이 몸져누운 아내를 보고 한마디 건넨다. "걱정을 붙들어 매어야 병이 나을 게 아니오?" 이를 측은히 여긴 이웃도 "근심이 병을 키운다"며 거들고 목사도 입을 연다. "매사에 기뻐해야 합니다. 기독교인이 무엇을 걱정한단 말입니까? 걱정하는 것은 죄입니다." 내과를 찾으니 의사는 신경장애를 운운하며 조만간 신경쇠약에 걸릴 거라고 경고했다. 틀린 말은 하나도 없지만 병세는 되레 악화됐다. 애당초 그녀는 근심의 원인을 밝히고 이를 극복하여 마음의 안정을 되찾게 해줄 정신과 의사를 찾아갔어야 했는데 그러지 않았기 때문이다.

성공도 마찬가지다. 저명한 강연자들이 수세기 동안 실패의 원인과 성공 요건을 지적하는 데 만족했지만, 『성공의 심리학』은 이를 성취하는 비결을 일러주고 경제력과 학습 능력을 10퍼센트에서 50퍼센트까지 끌어올려 3년 안에 '몸값'을 두 배 이상 키워줄 수 있다. 또한 이 방법론은 인간의 약점을 제거할 뿐만 아니라, 이미 수천 명이 입증했듯이 숭고한 윤리 의식을 터득할 수 있는 지침이 될 것이다.

성 공 으 로   가 는   시 크 릿

방법론을 스스로 적용했다면 이를
남에게 가르쳐야 한다.
배운 것을 전달해야
미래가 달라질 테니까.

Once you have learned and applied the METHODs for yourself,
go the extra step and teach what you have learned to others.
The future is in teaching others
what we have learned and applied!

위인에게서 배워라

하나님은 위인을 통해 일하신다. 전 세계에 향후 법학의 근간이 될 도덕률을 주실 당시, 주님은 십계명을 받아 이를 전달할 수 있는 인성과 지성을 겸비한 모세를 쓰셨고, 그분의 사랑과 영생의 길을 밝히실 때는 갈릴리 사람에게 성령을 부어 천국의 복음을 증거하게 하셨다. 한편, 사회, 정치 혹은 종교를 막론하고 원대한 개혁의 중심에도 인격을 갖춘 지성인들이 있었으니, 세계 발전의 역사는 위인의 역사인 셈이다.

기독교도 각 종파를 세운 위인으로는 루터Martin Luther와 칼뱅Jean Calvin(장로교 창시자—옮긴이) 및 웨슬리John Wesley(감리교 창시자—옮긴이)를 꼽을 수 있다. 성공적인 기업들 중심에 로스차일드Mayer A. Rothschild(유대인 가문으로 유명한 영국의 금융 재벌—옮긴이)나 워너메이커John Wannamaker(1896년 뉴욕에 설립된 대형 백화점 창업주—옮긴이) 혹은 마셜 필드Marshall Field(1865년 시카고에 설립된 대형 백화점 창업주—옮긴이)가 있는 것처럼 말이다.

행복한 가정의 위인은 사랑스러운 아내와 자상한 남편이다. 이처럼 주변을 돌아보면 공과 사를 막론하고 학교에서든 교회에서든, 가정에서나 직장에서나, 혹은 동네 가게에서도 '위인'으로부터 성공의 비결을 발견할 수 있을 것이다.

성 공 으 로 가 는 시 크 릿

위대한 성품은 전염성이 강하다.
될 수 있는 한 최고가 돼라!
실수를 반면교사로 삼고
현재 그릇된 방향으로 가고 있다면
생각을 고쳐야 한다.
배가 항로를 이탈했을 때
목적지에 도달할 때까지
선박의 키를 조정하듯 말이다.

Greatness breeds Greatness. Be the best you can be!

Everyone makes mistakes, it is part of learning.

Adjust your thinking if you are heading in the wrong direction.

Adjustments make the world go round!

Exp: If a sailor finds their sailboat off course,

they adjust their sails to correct

until they reach their destination!

기본 전제

인격을 갖추기에 앞서 성패의 원인을 둘러싼 그릇된 통념부터 제거하고 몇 가지 전제를 깔아두자.

먼저 기회나 환경이 성공 여부를 결정한다는 생각은 지워야 한다. 물론 열정이나 재능을 발휘하는 데는 필요할 때도 있으나 성패의 주된 원인은 독립적으로 작용한다.

'법칙 law'은 인간관계 및 활동 전반을 지배하며, 변통하는 일은 없다. 또한 '아니 땐 굴뚝에 연기가 나는 일'은 없을 테니 원인과 결과 역시 떼려야 뗄 수가 없을 것이다. 이를테면, 자연선택 natural selection은 인간의 정신과 사회 및 비즈니스 법칙에도 정확히 작용한다.

성 공 으 로 가 는 시 크 릿

더 나은 세상을 위해 무엇을 할 것인지 자문해 보라.
씨앗이 햇빛과 물, 양분 및 관심(에너지나 재능)을 받아야
자라다는 점에서, 이 물음은
씨앗(초석)에 해당된다.

Ask yourself a question? WHAT WILL I DO NOW
FOR A BETTER WORLD IN THE FUTURE?
This question is a great seed (foundation stone),
when you plant a seed and insure it gets (energy or talent)
sunshine, water, food, air and
positive attention(against adversity, bad weather),
it will grow.

끌어당김의 법칙

"내세울 것도 없고 되는 일도 없다"며 하소연하는 조Joe와 산 중턱에서 정상을 향해 묵묵히 오르는 빌Bill이라는 두 사람이 있다고 치자. 조와 빌이 왜 다른지 생각해 보라.

광물 입자는 화학적 친화력을 결정하고, 다른 입자와 광물과의 관계를 규정하는 기운으로 둘러싸여 있다. 동식물 역시 생명력을 발산하는 '기운aura'으로 싸여 있으며 사람 주변에도 기운(인간 자기장)이 항시 분포해 있다.

개인의 자기장은 화학적 반응과 자의적·타의적 삶, 사상, 감정, 의지 및 정서의 결과로, 인간의 본질을 구성하는 원소의 세기와 활성도activity에 따라 강약과 명료성이 결정된다. 즉, 자기장은 사람의 인격과 자연 친화력natural affinities을 규정하고 이웃과의 관계를 '비밀리에' 결정한다는 이야기다.

그렇다면 조의 기운은 어떤가? 뿌연 연무질로 테두리는 일정치 않고 색상도 딱히 밝히기가 까다로울 것으로 보인다. 왜 그런가? 생각이 부정적이기 때문이다.

지금 무슨 생각을 하는지 물으면 그는 십중팔구 "아무것도요"라고 대답할 것이다. 무슨 책을 좋아하느냐고 물으면 "독서에 취미가 없다"고 대꾸할 것이고, 어떤 친구를 좋아하느냐고 하면 "그냥 다 좋아요, 특별히 관심 가는 사람은 없어요"라고 이야기할 것이다. 앞으로 무엇을 할 거냐고 물으면 "깊이 생각해 본 적은 없어요, 그냥 직장이나 구할 생각인데 받아주는 데가 있으려나 모르겠어요"라고 맞받아칠 것이 분명하다. 조와 성공적인 기업가와는 친화력이 거의 없는 셈이다.

적극적인 교사도 그라면 가르칠 맛이 떨어질 테고 사회적 기회도 조 앞에서는 닫힐 공산이 크다. 전문직에 있는 사람이라면 조 같은 사람은 사무실에 들이고 싶지 않을 것이다. 그가 내세울 것이 없는 진짜 이유는 부정적 지성과 정서 및 의지가 인격이나 자기력 혹은 자연 친화력을 제거해 버렸기 때문이다.

그러면 빌을 보자. 그의 기운은 밀도와 활성도가 매우 높다. 게다가 윤곽도 뚜렷하고 색상도 선명하다. 왜일까? 빌은 정신이 말짱하기 때문이다.

학생인 그는 전공 서적을 좋아하고, 주변에 포진된 친구 중 누가 마음에 드는지 분명히 알고 있으며, 혈기가 왕성한 데다 하는 일도 많다. 물론 빌도 하늘을 우러러 한 점 부끄러움이 없는 그런 사람은 아닐 것이다. 그러나 '긍정적'이라는 점이 조와 다르다.

빌은 긍정적 태도와 지성, 정서 및 의지력에 힘입어 흡인력이 강한 인격을 갖추게 되었다. 성공한 기업 혹은 전문직 종사자와 빌 사이에는 자연 친화력이 존재한다. 그러니 매장이나 은행 혹은 사무실 할 것 없이 그는 '수배자'가 될 것이다. 학교나 친목회 혹은 교회에서도 그의 인기는 하늘을 찌른다. 단지 운이 좋아서가 아니라 중력과 같은 절대 불변의 법칙에 따라 무한한 기회를 잡았기 때문이다.

그러면 결론을 내리기에 앞서, 조를 긍정적인 사람으로 바꿔 빌의 수준까지 끌어올리는 비결을 살펴보기로 하자.

긍정적 태도와 지성, 정서 및 의지력에 힘입어
흡인력이 강한 인격을 갖추게 되면 학교나 친목회
혹은 교회에서도 호감을 얻는다. 단지 운이 좋아서가
아니라 중력과 같은 절대 불변의 법칙에 따라
무한한 기회를 잡을 수 있기 때문이다.

성 공 으 로　 가 는　 시 크 릿

'끌어당김의 법칙'은 긍정적·부정적 마인드에 모두 적용된다.
매사에 긍정적으로 생각하고 우선 웃는 법부터 배워라.
진심 어린 미소는 따뜻한 기운을 발산한다.
서로에게 웃음을 건넸을 때
잠시나마 마음이 가벼워진 적이 있지 않는가?
'방긋 웃으라. 지금 하는 일에 기적이 일어날 것이다.'
어릴 적 책에서 읽은 구절인데,
웃으면 신기한 일(상대방도 웃는)이 벌어진다.
이를 알게 된 후 내 입가에는 웃음이 떠나지 않았다.

The Laws of Attraction apply to positive and negative.

Become Positive.

Start with a SMILE! A true SMILE radiates warmth.

Has your soul ever felt light as a feather for a brief second because someone shared a true SMILE with you?

When I was young, I read in a book

"SMILE, it will make them wonder

what you are up to."

Something wonderful happened. They SMILED back.

I have been SMILING ever since!

빚을 진 건 당신이다

당신 덕에 세상이 잘 돌아간다는 생각은 버려야 한다. 사실, 존재한다는 이유로 어떤 책임을 감당해야 하는 것은 아니다. 당신의 부모는 그렇다손 치더라도 그 외 사람들은 이 땅에 사는 데 대해 책임을 지지 않는다. 따라서 세상은 당신이 없어도 아쉬울 것이 없다.

따지고 보면 오히려 당신이 세상 덕을 봤다고 해야 옳을 것이다. 세상에 태어나 보살핌을 받으며 먹을 것과 입을 것, 집, 친구, 교육, 발전의 기회, 행복 및 성공 등을 누리고 있으니 말이다. 빚을 진 쪽은 당신이다. 그런데 빚을 청산하려면 남은 생애를 다 바쳐야 할지도 모른다. 그러니 단단히 각오하고 일터로 나가라! 자신과 인류의 발전에 보탬이 될 수 있도록 최선을 다하라.

성 공 으 로　가 는　시 크 릿

다른 건 몰라도 자기계발에
좀 더 시간과 열정을 투자해야 한다.
그러려면 배우는 길 외에는 답이 없다!

Work harder on yourself than you do at anything else.
Self Education is key! (Keep Reading)

상대방의 장점을 배우라

　이웃의 장점을 습득하는 법을 배워야 한다. 그러다 보면 놀랄 일도 많이 있겠지만 당황할 필요는 없다.

　즉, 타의 모범이 되는 사람에겐 닮고 싶은 인품이 있고 친구들에겐 당신에게는 없는 자질이 있을 테니, 그들과 교제하면서 장점과 미덕을 '체화embody'하라는 이야기다.

　상대방의 잘못에 신경을 써서는 안 된다. 털어서 먼지 안 나는 사람은 없기 때문이다. 당신이 본받고 싶은 자질이 상대방에게 있다면 그것에 집중해야 한다. 성공을 부르고 타의 존경을 받을 만한 자질을 적극적으로 찾아 이를 고스란히 마음에 간직하라.

　옆집에 이사 온 사람이 "리델 씨, 앞으로 당신을 예의주시하면서 단점과 야박한 천성까지 캐낼 것이오" 하고 으르렁

대도 당신은 "좋습니다, 하지만 저는 당신의 장점과 성공 비결을 캐내고 싶군요"라고 받아쳐야 한다. 무엇을 찾느냐에 따라 결과도 달라진다. 상대방의 단점은 당신의 품격을 떨어뜨리겠지만 장점은 인격을 향상시켜 줄 것이다.

성 공 으 로   가 는   시 크 릿

할 수 있는 한 최고가 되고,
그릇된 길이라면 얼른 돌이켜야 한다.
그러려면 상대방의 잘못보다는
긍정적인 면을 찾아야 한다.
또한 세상에 보탬이 되려는 사람들과 교제하고
자질이나 인격이 부족한 사람들에게는 모범이 돼라.
그들이 이 책을 읽었다면
당신의 장점을 체화하려고 노력할 것이다.

Be the best you can be, adjust your thinking
when you find yourself going down the wrong path.
Do not look for faults in others, look for the positive.
Associate with those who have integrity
and a desire to improve this world.
Be an example to those who lack the character
and quality you strive for yourself.
Perhaps they have read this book and are looking at you trying
to embody the best you have to offer!

세상에 공짜는 없다

아무 대가 없이 소득을 기대해선 안 된다. 그런 '도둑놈 심보 psychology of crime'는 애당초 틀린 생각이다. 어린아이나 정신박약자는 그렇다 쳐도 멀쩡한 사람이 그러면 뭔가 문제가 있는 것이다. 또한 원인과 결과가 균형을 이루는 세상에서 무언가를 '공짜'로 얻는다는 것은 불가능하다. 즉, 지식이든 사랑이든 용기든 부탁이든 기회든, 모든 선물은 그에 상응하는 대가가 동반된다는 이야기다.

종교적 구원에도 언제나 헌신이 뒤따르는 법이다. 따라서 성공하고 싶다면 스스로 소득을 창출하고 받은 만큼 돌려준다는 생각으로 살아야 한다.

아울러 각자의 소유는 단지 맡겨진 것에 불과하므로 그에 상응하는 것을 세상에 돌려주지 않는 사람은 성공했다고 보기 어렵다.

성공으로 가는 시크릿

남이 해주었으면 하고 바라는 대로
남에게 해주라.
다른 사람을 존중하는 것은
자신을 존중하는 것이다.

Do unto others what you would have done unto you!
Self Respect=Respect of Others!

운에 기대지 말고
목표를 향해 가라

운이나 확률 게임에 맛을 들여선 안 된다.

표류하는 배는 항해 기간이 길지만 목표한 항구에 도착할 가능성은 매우 희박하다. 따라서 성공하길 바란다면 일찍이 목표를 세우고 무엇을 어떻게 할지 결정해야 한다.

성 공 으 로   가 는   시 크 릿

기발한 착상이 떠올랐다면
계획 단계에서는 범위를 통합해야 한다.
여기서 '범위'란 바람직한 결과를 유도하는
단계별 조치를 일컫는다.

If you find yourself excited about an idea(purpose),
the next step in planning is to put together a scope.
A scope is a set of steps that are going to take you to
and through your desired outcome.

한 우물만 파라

완벽주의는 지양해야 한다. 지금은 전문가의 시대이니만큼 '팔방미인the Jack-of-all-trades'은 퇴출 1순위가 되었고 '못 고치는 병이 없다는 의사Dr. Know-it-all'는 돌팔이일 가능성이 높다. 즉, 한 우물을 잘 판 사람이 인기가 있으며 전공을 빠삭하게 꿰고 있는 전문가가 오래 살아남는 법이다.

도전해 볼 만한 분야에 재능과 열정을 집중하고 이를 통달해야 한다. 한 우물을 파면 성공은 이미 따놓은 당상이다.

한 농부가 밭에서 땀을 흘리며 잡초를 뽑으면서 투덜거렸다.
"이놈의 지긋지긋한 잡초! 대체 이런 쓸모없는 잡초들을 하나님은 왜 만드신 거야?"
그때 땅에 나뒹굴던 잡초가 말했다.
"우리 잡초들은 쓸모없는 존재가 아니에요. 우리도 다 쓰이는 데가 있습니다.
우리는 땅속에 뿌리를 내려 흙을 갈아주고 비가 오면 물도 머금어 저장해 줍니다.
건조한 날엔 흙먼지가 날리지 않게 해주기도 하지요.
그리고 빗물에 흙이 쓸려 내려가지 않도록 붙잡아 준답니다."
그 후로 농부는 잡초를 하찮게 생각하지 않게 되었다.

-《탈무드》 중에서

성 공 으 로 　 가 는 　 시 크 릿

꿈을 현실로 바꿀 수 있는 요령을 터득하고
이를 적용하기도 전에 직장을 무작정 나와서는 안 된다.
자신에게 시간과 열정을 투자했다면
배운 바를 적용하고 가르치게 될 날이 올 것이다(LAT).
이를 위해 때로는 텔레비전 시청이나
퇴근 후 동료와의 술자리 혹은
긴 소파에서 청하는 낮잠을 자제해야 할지도 모르겠다.
새 파트타임의 수입이 풀타임 수입을 초과했다면
그때 직장을 떠나도 늦지 않다.
집중하고(L) 통달하며(A) 한 우물을 파라(T).

To follow your dream, do not jump ship
from what you are doing until you have learned and
started applying your new methods.
In the true essence of working harder on yourself,
you will find that you have all kinds of time throughout
the day to Learn, Apply and Teach(LAT).
You may have to forego watching TV, having the after work
drink with your friends or partaking in a siesta
on that elongated cushioned bench called a couch.
When your new part-time income starts to exceed
your full-time income, that's when you start to think
about jumping ship!
Concentrate=Learn, Master=Apply, Stay with it=Teach(LAT)

열심히 일하라

 일을 두려워해서는 안 된다. 활기에는 생명이, 타성에는 죽음이 따르기 때문이다. 바른 노력은 힘과 역량, 용기, 자립심, 미덕 및 인격을 향상시키지만, 안일하고 나태한 마음은 나약함과 경솔하고 미련한 언동, 무관심, 악습 및 허탈감을 조장할 뿐이다. 게으른 체질이 만성 소화불량이나 결핵보다 심각한 불이익을 안겨주는 셈이다.

 역사 속 위인들의 습관을 연구하고 미술과 문학, 과학, 비즈니스 혹은 전문 분야에서 명성과 부를 쌓은 사람들을 관찰해 보면 '일벌레worker'라는 공통분모를 찾아낼 수 있다. 사실 천재들의 특징적 성향은 대부분 끈기와 노력이다. 에디슨도 "천재는 2퍼센트의 영감과 98퍼센트의 땀으로 이루어진다"고 말하지 않았는가?

성 공 으 로   가 는   시 크 릿

일이 재미있다고 생각하고 마냥 즐겁다고 중얼대면
그대로 이루어질 것이다!
일이 지겹다는 것은 자신을 좀 더 추슬러야 한다는 방증이다.
인생은 한번 가면 오지 않는다. 선택은 자기 몫이다.

If you think work is fun, it is!

If you tell yourself you enjoy it, you will!

Adjustments are required for those who are not having fun
and enjoying it.

You have but one(1) Life to live, It's your CHOICE.

정신 마술을 경계하라

'정신 마술mental magic'이나 '심령술'에 의존해서도 안 된다. 자신의 소신을 분명히 내세우거나 이를 간결하면서도 효과적으로 표현하는 재능은 높이 평가할 만하나, 정신적 암시 기술을 이용하여 상대방의 의지를 좌우하려는 생각은 윤리적으로도 옳지 않다.

재계나 법조계, 정계 혹은 종교계를 막론하고, '정신 마술'로 남을 조종하려는 사람을 '무고하다'거나 '성공했다'고 말해서는 안 된다.

어느 '정신과학자mental scientist'가 자신의 진귀한 명품과 각종 '증거물evidences'을 보여주며 "생각만으로도 부자가 될 수 있다"고 하자, 이를 듣던 사람이 대꾸했다.

"흑마술black magic과 다를 바가 없군요. 게다가 방법만 다를 뿐이지 강도와도 별 차이가 없어요. 아무런 대가 없이 과학의 힘을 빌려 이득을 취하겠다니 말입니다. 그런데 당신의 상술은 딱히 규정할 수가 없으니 사회에 더 큰 해악을 끼칠 겁니다. 시대를 초월하는 배상법에 의거하면 당신 또한 강도처럼 법의 심판을 받게 될 거요."

성 공 으 로 가 는 시 크 릿

청렴은 내적 가치 규범이므로,
옳고 그름을 두고 의문이 생긴다면
내면의 소리에 귀를 기울이면서
확신이 들 때까지 자신을 조정해 나가야 한다.

Integrity is an internal code of values.
If a question arises on the inside as to
whether you are right or wrong,
make an adjustment in what you are doing until you know
it is right and no longer a question.

하나님과 함께 서라

하나님의 법과 조화를 이루지 않고 하나님의 은혜 없이 살아도 성공할 수 있다는 착각은 버려야 한다. 무엇이든 하나님의 섭리에 대립하며 노력할 바에야 차라리 아무것도 하지 않는 것이 낫기 때문이다. 우주를 지배하는 법칙이나 힘의 반대편에 서서 성공을 기대하겠다니, 얼마나 어리석은 발상인가? 그렇게 해서 성공한 사람은 여태 없었다.

한번 생각해 보라. 왼쪽 주머니에 있는 돈을 오른쪽에 채워 넣으면 무슨 득이 있겠는가? 재산은 쌓아두었으나 영성이 메말랐다면 그 역시 성공이라고 보기 어렵다. 속임수로 무언가를 취득하고 건강이나 인간성을 포기하면서까지 긁어모으려는 것은 성공과는 거리가 멀다. 또한 남의 노력에 힘입어 부와 명예를 얻고서도 아무런 대가를 치르지 않는 사람 역시 성공했다고 볼 수 없다.

그렇다! 속임수를 썼다는 것은 이미 실패한 것이나 다름없다. 사기꾼은 패배자에 불과하다. 도덕적 비행은 '파산'과 같고 뒤가 켕기는 돈은 '빚'과 같다. 사회에서 위선자는 인생을 탕진하고 정직한 서비스 정신을 없애려는 난봉꾼이요 강도와 다름없다.

"우주는 의로운 병기에 에너지를 충만히 채우는 법이다." 성공하고 싶다면 현 위치에서 하나님과 함께 서야 한다. 그분과 함께할 때 영원한 발전을 기대할 수 있으며 무한한 지혜와 사랑과 능력을 마음껏 누릴 수 있기 때문이다. 다만 이를 수용하고 표현하는 데만 제약이 따를 뿐이다. 사람의 노력과 열정은 하나님의 것과 일치하지 않으면 진정한 만족이나 성공을 가져다줄 수 없다.

그래도 의심스럽다면 황금률 the Golden Rule 밖에서 성공했다고 자부하는 사람들의 최후를 지켜보라. 부당한 소득과 부정직한 수완이 '패배 defeat'에 불과하다는 '최후의 증언 last testimony'을 듣게 될 것이다.

성 공 으 로 가 는 시 크 릿

시크릿: 하나님과 동행하고(with), 그분 안에 있으며(in),

그분과 통하며(through), 성령의 힘을 빌린다면(by)

(히브리어 전치사 'ב'에는 'with'와 'in',

'through', 'by'의 뜻이 모두 들어 있으므로 히브리어로는

'ב'라고만 해도 위의 뜻을 다 표현할 수 있다—옮긴이)

당신은 이미 축복을 받은 셈이다!

Through Him, with Him, in Him
and by the power of the Holy Spirit,
YOU are BLESSED!

이기심은 자살 행위

'성공하려면 좀 이기적이어야 한다'는 생각은 버려라. 이기심은 자살 행위와 같다. 제 배만 채우려는 사람들은 고통이 가중되고 영혼은 피폐해지며 이렇다 할 공적도 없이 죽어서도 '실패자'로 남을 것이나, 스스로 거듭나 이웃을 섬기는 사람들은 진정한 성공과 행복, 영적 성숙 및 영생의 비밀을 발견할 것이다.

인생이라는 '전장'에서 승리를 쟁취하고 행복을 누리려면 자신을 포기하고 그리스도를 보여주며 고귀한 소명 의식으로 사회를 섬겨야 한다. '계발' 외에는 자신을 생각지 말고 가능한 한 모든 이에게 선을 베푼다면, 지위가 낮거나 바쁜 나날을 보내더라도 도덕적·정신적으로 성숙해질 것이다.

성 공 으 로 가 는 시 크 릿

자신보다는 후세를 위해 배운 것을 적용하고 가르치라!
우리의 목표는 '우주의 성장'이라는 꿈을 이루는 것이다.
그렇다! 태양계에서 살아가는 사람이라면
그 같은 책임 의식이 있어야 하며,
이를 위한 첫걸음은 바로 '긍정적 태도'여야 한다!
지금부터 시작하라!

Learn it, Apply it, Teach it! Not for Self,
but for our future generations.
We all have a purpose to fulfill Destiny
for the future Growth of the Universe!
Yes, we are responsible for what we place
and do in the Solar System.
A Positive Mental Attitude is a GREAT first Step.
Start Building One NOW!

언제 어디서나
기회는 찾아온다

성공의 초석이 되는 기회를 잘 이용할 줄 알아야 한다. '기회는 일생에 단 한 번만 찾아온다'는 구태의연한 생각은 접어둬라. 사실 기회는 상황이나 형편 혹은 지위를 따지지 않고 끊임없이 찾아온다. 그러므로 기회를 볼 수 있는 지혜가 있다면 악재나 불행에도 이를 선용할 수 있을 것이다.

이를테면, 차를 놓쳐 10분을 더 기다려야 한다면 괜히 시간만 죽여선 안 된다. 하다못해 주머니에 있는 쓰레기라도 버려라. 아니면 중요한 기삿거리를 메모해 두거나 앞으로 무엇을 할지 계획하는 등, 자질구레한 문제를 해결해도 좋을 것이다. 시간을 잘 활용한다면 차를 놓친 편이 되레 복이 될 수도 있다.

사고를 만나 한 달간 입원해야 한다면 이를 자아 성찰과 영적 성숙을 위한 기회로 삼고, 당사자 사이에 오해가 생겨 점찍어둔 사업을 놓쳤다면 강인한 인성과 자립심을 다지는 기회로 삼으면 될 것이다. 시어머니가 일주일간 며느리를 도우러 왔다가 겨울 내내 머물겠다면 온유와 관용을 비롯해 영성을 장식하는 '덕'을 키우는 데 더할 나위 없이 좋은 기회가 될 것이다.

외박할 생각 말고 집에서 기회를 적극 활용하라. "가사도 버거운데 '지르퉁한' 남편에 자식 비위까지 맞추느라 죽을 지경"이라며 하소연하는 사람이 있다면 자제력을 키울 수 있는 기회로 여기라고 권면해 주고 싶다. 그 같은 희생정신이 있었기에 평범한 사람들도 성인saints이 될 수 있었다.

젊은이라면 학업을 마치고 부모와 지녀를 부양해야 할 의무가 있다. 때로는 부담이 크겠지만 이를 열정과 배짱 및 기량을 끌어올리고 가정경제에 기여할 수 있는 계기로 삼으라. 이를 회피하지 않고 최선을 다해 기회를 살린다면 '성공'을 쟁취할 수 있을 것이다.

많은 사람이 돈은 많지만 소심하고 무능한 탓에 '실패자'로 인생을 마감한다. 기회만 잘 활용했어도 그렇게 되진 않았을 텐데 말이다.

한편, 얼굴이 받쳐주지 않아 고민하는 여성들도 있을 것이다. 그들은 아리따운 여성들의 미모에 눌려 눈에 잘 띄지 않거나 자리를 슬슬 피할 것이다. 하지만 '얼짱'이라는 이유로 기고만장해지는 일은 없을 테니 다행이 아닌가? 그렇다! 당신은 외모와는 비교할 수 없이 매력적인 감성을 키울 기회를 잡은 셈이다. 사무실이나 매장에서 일한다면 고매한 인격을 계발하고, 백화점의 영업 사원이라면 자제력을 향상시키고 품위 있는 태도와 안내 예절을 체득할 수 있는 기회를 활용하라.

지위나 직업, 가문 혹은 환경 따위에 관계없이 기회는 당신 것이며, 강직한 인격을 계발하는 최적의 장소는 지금 당신이 서 있는 그곳이다.

내가 다시 해 아래에서 보니 빠른 경주자들이라고 선착하는 것이 아니며
용사들이라고 전쟁에 승리하는 것이 아니며 지혜자들이라고 음식물을 얻는 것도 아니며
명철자들이라고 재물을 얻는 것도 아니며 지식인들이라고 은총을 입는 것이 아니니,
이는 시기와 기회는 그들 모두에게 임함이니라.

-《전도서》 9:11

성 공 으 로   가 는   시 크 릿

열정과 재능을 표출하려면 기회를 잡아야 하며
기회는 '자신'에서 출발한다. 또한 긍정적 태도가
성공을 앞당긴다는 사실을 기억하라. 출근할 때
바닥에 떨어진 쓰레기를 휴지통에 버려도 좋다.
그렇다면 관리인의 5초를 절약해 준 셈이다. 잠깐이나마
그를 도왔으니 그의 만면에는 웃음이 번지고
당신을 바라보는 시선이 달라질 것이다. 이처럼
긍정적 연쇄반응이 일어나고 많은 이들이 미력이나마
서로의 짐을 덜어준다면 좀 더 깨끗한, 살맛나는 세상이
되지 않을까? 그런데 이를 배우고 적용함으로써
자기계발을 시작했다는 점이 무엇보다 중요하다!
당신의 작은 선행을 누군가가 모방했다면
당신은 그를 가르친 것이다. 다음 날 출근 길에는
휴지가 너저분하게 버려져 있지 않을 것이다!

Remember to be True.

Opportunity is necessary for the expression of energy or talent. It has to start with SELF. A POSITIVE Attitude is a big step in the attainment of SUCCESS. What would happen if you went to work and instead of walking over the trash on the floor, you actually picked it up and threw it in the garbage. Saved the Janitor 5 seconds from having to do it. The Janitor got excited because someone helped them for a brief second and put a smile on their face. The next time you see the Janitor, they are still smiling! A chain reaction would take place and before long, if everyone did just a little something to lighten the load on others, would this not be a better (cleaner) place to live? YES!

More importantly, you have started or continue to improve upon yourself—Congratulations! Your Learning, and Applying.

If someone witnessed this one small noble act and followed your positive example, you are now Teaching.

Next time you walk through that area, chances are high the trash will be in the receptacle!

성공 방법론

상부구조 superstructure 의 기초를 갖췄다면 이젠 성공의 방법론을 짚어볼 차례다. 앞서 언급했듯이, '어떻게(방법)'가 중요하다는 것을 잊어선 안 된다.

인격을 함양하는 데 필요한 방법으로는 첫 번째로 위생적 삶과 체력 배양, 두 번째로 교육, 두뇌 계발, 윤리적 성장, 세 번째로 거듭남 및 영적 성숙을 꼽을 수 있다. 이를 '격조 높은 성공의 3대 요소'라고 하는데 이 중 어느 하나도 완벽히 대체할 수 있는 덕목은 없다.

또한 사람은 마음과 몸뚱이만으로 이루어진 것이 아니라 영 spirit, 혼 soul, 육 body 으로 이루어졌으므로 이를 골고루 계발하고 훈련해야 이상적인 사람으로 거듭날 수 있을 것이다.

사람은 영, 혼, 육으로 이루어졌다.
이를 골고루 계발하고 훈련하여 이상적인 사람으로 거듭나라.

성 공 으 로   가 는   시 크 릿

어느 현인은 "할 수 있는 일은 '쉽다', 그리고 할 수 없으면
'어렵다'"고 말했다.
즉, 어려워 보여도 할 수만 있다면 쉽다는 말이다.
예컨대, 아이들은 세 살 때 그림을 그리기 시작한다.
그러면 엄마, 아빠 혹은 할아버지나 할머니 등 가족은
숨은 재능을 발견했다거나(네모나 원으로 개나 닭같이 생긴 무언가를 그릴 것이다),
아이가 무언가를 배워 써먹는다는 생각에
짜릿한 쾌감을 느낄 것이다. 2년 후 유치원에 입학한 아이는
크레용으로 그림을 그리거나 물감으로 손도장을 찍으며
솜씨를 과시하고, 또 2년이 지나면 색연필을 이용하거나
붓으로 수채화를 그릴 것이다. 13세가 되면 유화를 처음 접한다.
이처럼 난이도가 점차 높아지는, 단계별 학습 과정은

서로 밀접한 관계가 있다. 결국 숙달이 관건인데,
스스로 학습하건 미술교사에게 배우건 상관없이
난이도는 숙달 정도에 따라 결정된다는 이야기다.
게다가 자신의 노하우를 남에게
전수하는 것도 여러모로 도움이 된다.
이를테면, 첫째, 돈을 벌 수 있고
둘째, '제자'가 스타일을 모방하여
당신의 독창적인 작품이 더 빛날 것이며
셋째, 후손이 과거를 반추하고 미래를 내다볼 수 있도록
시대의 흐름을 보여줄 수 있고
넷째, 그림 하나면 백 마디 말이 필요 없을 뿐 아니라
다섯째, 미술가적 역량과 인격을 함양할 수 있기 때문이다.

A wise man once said "It's EASY," meaning "If I can do it, it's
EASY. If I can't do it, it's hard." In other words,
it might be hard work, but you can do it. Therefore,
it's EASY. Example: Let us look at an Artist.
At three(3) years old, a child makes a drawing.
Maybe only a few people(Mom, Dad, Grandparents, etc.) realize
the hidden talent within(looks kind of like a dog or chicken
with a line that might be a square or a circle) or are really
excited because their child is Learning and Applying.
A couple years later, the child starts school and really starts to
shine making pictures with crayons and water color handprints.
A couple more years and the child is making drawings with
colored pencils, erasers, water color paint using brushes.

At age 13, the young adult gets the first taste of oil paint.
Each step in the learning process is relevant as it takes
the concept of hard to easy. Applying is key.
Once you have learned the steps through self learning
or an Art teacher, the more you apply yourself, the easier it gets!
Teaching others what you know will do several things:
1) Make some money. 2) Others will want to copy your style,
expression, etc., making your original work more valuable.
3) Insure that future generations have a snapshot of time
in the past which they can use to reflect and advance
in the future. 4) "A picture says a thousand words."
5) You will grow stronger
as an Artist and a person with character.

뇌는 쓸수록 발달한다

두뇌 발달의 핵심은 여섯 가지로 정리할 수 있다.

첫째, 의식적인 감각과 사고, 감정, 정서, 의지 및 객관적 지능은 신경 활동에 의존하며 그와 관계가 깊다. 둘째, 감각 기관에 수용된 자극이 구심성 신경의 감각기관을 거쳐 뇌로 전달되면 원심성 혹은 운동신경을 통해 생각과 감정 혹은 행동이 나타난다. 셋째, 신경계를 반복해서 자극하면 그와 유사한 자극을 통제하는 신경회로nerve paths가 형성되어 정신과 인격에 영향을 미친다. 넷째, 행동과 생각, 감정 및 욕구가 자주 반복되면 뇌의 중추신경계와 뇌신경망이 형성된다(후속 행동과 생각의 기초가 된다). 다섯째, 통합 중추신경계가 형성되면 이를 자극하기만 해도 행동과 생각 및 감정을 비롯하여 이들을 불러일으키려는 욕구까지 재생할 수 있다. 여섯째, 대개 어릴 때 형성되는 뇌의 중추와 신경회로를 성인이 된

이후 수정하기란 매우 어려우므로, 바르게 살려면 젊을 때부터 의지나 욕구, 혹은 생각을 바르게 품어야 한다.

결국 반복된 지성은 뇌에 구현되어 자신을 만들어가며 '이상ideal'은 신경세포에 자리를 잡아 행동의 기초를 마련함으로써 인격으로 나타난다. 또한 역량과 감정, 성향 및 정서 등은 중추신경의 기능과 활동에 따라 좌우될 것이다.

뇌세포는 사실이나 색상, 사물 혹은 아이디어를 인식하거나, 서로 연관된 사물을 식별하는 등, 새로운 자극new class of stimuli을 인지·반응함으로써 생성된다. 각 세포 구조는 자극을 반복해서 식별·반응할 때 수정되며 식별·반응은 일정 수준 반복되면 세포에 구현된다. 그렇게 구축된 세포의 기능이 작동하면 사실과 색상 및 아이디어 등은 의식의 흐름the stream of consciousness으로 나타날 것이다.

유전의 산물이자 후천적으로 형성된 뇌의 중추는 활용 빈도나 활동 및 체계적 훈련으로 강화된다. 따라서 뇌세포가 휴면 상태이거나 수년간 썩혀두면 뇌기능은 저하·감퇴되어(노년에 자주 일어난다) 결국 세포에 구현된 사실이나 아이디어를 의식에까지 끄집어낼 수 없게 된다.

성 공 으 로   가 는   시 크 릿

앞서 밝힌 이론은 브랜드를 각인시켜 매출을 늘리려는
광고 전략에서 주로 활용된다. 자신을 만들어가려면
주의를 집중해서 배운 것을 자주 활용해야 한다.
그러나 학교는 먹고사는 일과 생존을 위한 교육에 주력하는 탓에
묵묵히 자신의 발전에 관심을 두려는 교사나 학생은
얼마 되지 않는다. 게다가 대학도 생업과 수익 창출 방법을 배우는
최고 기관으로 자리를 잡았다.
하지만 진정한 성공, 부와 자유는 무엇보다도
자기계발 여하에 따라 결정되는 법이다.
"최선을 다하라"는 보이스카우트의 좌우명도
이와 맥락이 같다.

The methods described above are leveraged
by frequent Advertising to build brand names
and increase sales (significantly). In order to build self,
focus and consistent persistent, Learning and Applying
is required. Our schools teach our children; however,
its primary focus is to prepare them to work for a living
and only gives the majority of them the basics for survival
A few teachers and students stand apart and give
and get the extra attention required to advance further.
College is advanced steps to learn how to work
for a living and make more money.
True success, wealth and freedom is through self education,
working harder on yourself than you do at anything else.
The Boy Scout Motto is "DO YOUR BEST."

정신적 암시

암시를 연구하면서 눈여겨봐야 할 점을 여섯 가지로 정리하면 다음과 같다.

첫째, 잠재의식이나 마음에 분명한 인상을 남기는 '지각'이나 '자극'이 암시적으로 마음과 인격 혹은 뇌의 활동을 수정한다. 둘째, 암시는 강조와 반복에 의해 강화된다. 셋째, 언어로 표현할 수 있는 사실이나 생각 혹은 이상 등은 암시가 되어 뇌세포에 자리를 잡는다. 넷째, 모든 사람이 암시에 민감한 것은 아니나 누구나 그에 반응하며 '수용의 법칙the laws of receptivity'에 순응하는 사람일수록 더욱 그렇다. 다섯째, 주의력은 암시의 수용 정도를 결정하므로 두 가지 조건, 즉 정신 활동 및 인식된 사물에 집중하는 정도와 주의를 산만하게 하는 요소를 제거하는 능력에 의해 좌우된다. 여섯째, 자주 반복되는 암시는 의식의 흐름을 장악하여 인격의 주된 부분을 차지할 것이다.

요컨대 마음의 중심과 기질을 제어하고 열정을 통제하며 의지력을 불러일으키고 감성을 순화하려면 정신적 암시mental suggestion가 필요하다는 것이다. 인격을 지속적으로 함양하려면 암시를 반복 활용하여 뇌세포에 각인시켜야 한다. 그에 대한 절차나 '심리학' 따위는 몰라도 상관이 없을 테니 그리 어려운 이야기는 아닐 것이다.

정신적 암시의 법칙은 누구나 활용할 수 있다. 엄밀히 말해 교육도 암시의 결과다.

성 공 으 로   가 는   시 크 릿

100년 전에 썼지만 지금도 공감이 가는 이야기다.
'암시 법칙'에서 비롯된 '끌어당김의 법칙'은 영화 〈시크릿〉에
잘 나타나 있다. 즉, 긍정적 시각이 긍정적 결과를
만들어냄을 항상 명심하자. 부정적 생각을 떨쳐버려야
일이 풀릴 테니 말이다. 조지 S. 클레이슨이 1926년에 쓴
『바빌론 부자들의 돈 버는 지혜』와 나폴레온 힐이 1937년에
저술한 『성공의 황금률』, 1960년에 출간된
벤 스위틀란드의 『아이 윌』, 그리고 같은 해 나폴레온 힐과
W. 클레멘트 스톤이 저술한
『긍정적 태도가 성공을 낳는다』 가운데
적어도 한 권쯤은 귀에 익을 것이다. 이 책들은 모두
뉴턴 N. 리델이 『성공의 심리학(1909년)』을 저술한 한참 뒤에 출간된
책들인데, 각 제목을 조합해 보니 재미있는 문구가 됐다.
"나는 머리를 써서 부를 쌓고, 긍정적 태도로 성공을 쟁취하여
건강하고 행복한 거부가 될 것이다."

The words written above 100 years ago are as true today as they were then. I believe everything written above is true and attainable. The Law of Attraction from implanting The Law of Suggestion is best explained in the movie, "THE SECRET." Positive visualization=positive materialization! You have to see it in your mind. Stay away from dwelling on something negative, it works the same way. I have four(4) books that were written well after the original "The Psychology of Success," by Newton N. Riddell was published (1909).

You probably have heard of at least one of them.

"The Richest Man In Babylon," by George S. Clason, 1926.

"Think and Grow Rich," by Napoleon Hill, 1937.

"I Will," by Ben Sweetland, 1960. "Success Through A Positive Mental Attitude," by Napoleon Hill & W. Clement Stone, 1960. I believe all are excellent books. What I really like is adjusting their titles to "I Will Think and Grow Rich and achieve Success Through A Positive Mental Attitude and become The Richest Man In Happiness, Health and Wealth!"

암시 활용법

　암시를 활용하여 인격을 함양하려면 다음 세 가지를 염두에 두어야 한다. 우선 달성하고픈 목표를 분명히 설정하고 이를 될 수 있는 한 짤막한 말로 표현하되 힘있게emphatically 되뇌는 것이다. 이렇게 하면 목표에 담긴 의지와 욕구는 곧 현실이 될 것이다. 물론 말과 생각 자체는 영향력을 발휘할 수 없으나 욕구와 의지가 생각의 틀에 생명력과 힘(암시)을 불어넣기 때문이다.

　이때 의지력과 욕구 없이 앵무새처럼 입으로만 반복하거나 '돼도 그만 안 돼도 그만'이라는 식으로 얼버무린다면 효과는 기대할 수 없다. 또, 욕구는 있으나 의지력이 없어도 암시는 힘을 발휘할 수가 없을 것이다. 즉, 내면에서 끓어오르는 욕구와 긍정적 의지력이 함께 뒷받침된 그 무언가가 인격에 구현된다는 이야기다. 이것이 바로 인격 함양의 과정과 성공의 방법론이다.

이해를 돕기 위해 한 가지 예를 들어보자. 습관적으로 밥을 빨리 먹는 사람이 있다(이는 건강에 좋지 않다). 물론 급히 먹어치우는 것이 나쁘다는 것을 모를 리가 없다. 이에 담당 의사는 '속식eating too fast'이 소화불량과 두통 및 불면증 등을 유발할 수 있다면서 천천히 씹고 삼켜야 건강이 회복될 거라고 일러주었다. 그럼에도 그가 말을 듣지 않는다면 그 까닭은 무엇일까? 의사의 권고를 생각하지 않은 탓도 있고, 설령 그랬다 해도 아는 만큼 자제력을 발휘하지 못한 탓이기도 할 것이다.

이를 암시에 적용해 보면 일단 생각을 말로 표현해야 한다. "나는 느긋하게 먹을 수 있고 반드시 그럴 것이다." 이를 하루에 몇 번이고 되뇌다가 의지력과 욕구가 발동하면 효과가 나타날 것이다. 식탁에 앉았을 때 자주 반복했던 말이 의식에 자리를 잡았다면 이를 달성하고픈 생각과 의지력으로 이어질 것이다.

성 공 으 로　가 는　시 크 릿

사랑은 가장 강력한 감정이므로
'나는 할 수 있고 반드시 그럴 것이다'라는 신념에
사랑을 결합한다면 '씨앗'을 심고 따스한 사랑으로
양분을 주는 것과 같다.
이것이야말로 최고의 덕목이 아닐까 싶다.
사람이 짜낸 계획으로 자신의 인격을 함양하는 것은
'돈리의 성공법칙'과도 일맥상통한다. 따라서
책의 말미에 수록된 '돈리의 법칙'을 그대로 실천한다면
내면의 눈과 가슴이 바라보는 것은 무엇이든 실현될 것이다.

Love is the strongest of all emotions and if you use love
in your thinking with an "I can, I will" attitude,
you tie these all together and plant a seed that will grow
providing you give it the attention and nourishment it needs.
I believe we would consider this a High Quality Item.
To work on self and effectively build the mind and character
through a plan produced by a Human is in line
with "Donley's Law of Success".
At the end of the Lecture, I will present to you
"Donley's Law of Success."
When followed, you will achieve whatever your heart desires
and your mind's eye will see.

악은 은혜로 다스려라

정신적 암시 기법은 인격 함양과 마인드 컨트롤에 강력한 힘을 발휘하므로 젊은이를 교육하고 역량을 끌어올리며 나쁜 습관을 고치는 데 도움이 된다. 그러나 그것만으로는 사람이 거듭나거나 영성이 성숙할 수 없어 전인적 변화에는 미치지 못할 것이다.

사람에게는 태어날 때부터 '법'이라면 삐딱선을 타려는 이상한 성향이 있다. 어느 정도는 의지력과 암시 및 두뇌 계발로 벗어날 수 있으나 그로부터 완전히 해방되려면 용서와 구속을 통해 거듭나야 한다. 성령으로 거듭나기 전에는 성령의 열매를 맛볼 수 없으며 영적인 사람이 될 수도 없기 때문이다. 따라서 '최고의 성공'을 누리고픈 사람이라면 가슴에서 우러난 회개와 용서 및 영성을 출발선으로 삼아야 할 것이다.

여기서 필자의 '기독교 현실주의' 강의를 잠깐 정리해 보

자. 첫째, 자연인natural person은 제아무리 교양이 있고 영성을 이해한다고 자부한들 누구나 영적으로는 무기력한 상태다. 때문에 영적 현실을 감지하거나 영적 '마인드'를 가지려면 영성에 생기를 불어넣어야 한다. 둘째, 자연인에서 영적 존재로 거듭나려면 회개를 통해 죄를 용서받아야 하며(이를 가리켜 '영혼 치료soul-healing'라고 한다) 이 같은 은혜 안에서 영성에 생기를 불어넣거나 영적 부흥이 있어야 한다. 셋째, 죄악의 성향은 죄 사함과 부흥으로 극복될 수 있다. 넷째, 은혜는 그리스도가 베푸시는 성령Divine Spirit을 두고 하는 말이라고 했다. 그분은 영적 활력소를 불어넣을 뿐 아니라 악한 성향에 저항하고 이를 극복하며 다스리는 힘을 공급함으로써 사랑과 자비 및 친절 등 고매한 덕을 밝게 드러내신다.

요컨대 용서와 부흥은 절대적으로 중요하며, 그리스도와 그 은혜를 통해 우리가 무한한 가능성을 차지할 수 있다는 것이다. '원대한 성공'은 성령의 선물이지만, 오직 자신을 낮추고 사심 없이 살아가는 자에게만 허락된다.

물론 이성적으로는 이해하기가 쉽지 않을 것이다. 악습과 야박한 욕심을 끊으려고 수년간 애쓴 것이 되레 시간 낭비였다니! 하나님의 완전한 사랑perfect love만 있다면 단숨에 해결될 테니 굳이 그럴 필요가 없다는 이야기다. 즉, 영혼을 구원할 수 있는 성령이 영존하는데 사람이 나서서 악한 성향과 싸워야 한다면 좀 어폐가 있지 않을까?

그러나 거짓 철학은, 자신을 복종시키면 성령이 알아서 할 일을 사람이 해결해야 한다고 가르친다! 육신적 마인드를 가진 자연인은 사탄이 장악한 자기 본위의 환상에 사로잡혀 있는 탓에, 그로부터 벗어나지 않는 한 가련한 영혼은 자신을 구원하려고 발버둥 치다가 결국엔 악마의 노예가 될 것이다. '지식의 길Path of Knowledge'을 걸어온 현인을 비롯하여 믿음으로 성령의 선물을 받은 선각자들은 일찍이 이 환상을 감지해 왔다.

'원대한 성공'은 성령의 선물이지만, 오직 자신을 낮추고
사심 없이 살아가는 자에게만 허락된다.

성 공 으 로   가 는   시 크 릿

자기계발에 몰두하다 보면
남이 '복사'하고픈 자질을 갖추게 된다.
상대방이 밉살스럽다면 생각을 고쳐먹고
그를 용서하는 미덕부터 키우는 것이
첫 관문일 것이다.
물론 자신도 예외는 아니다.
오래전에라도 자신에게 책임을 물어야 할 일이 있었다면
자신부터 용서해야 한다는 말이다.
대개 사람은 남보다는 자신의 실수를 잘 용납하지 않는데,
지금부터라도 달라지기 바란다!
당신의 인생을 바꿀 수 있는 사람은 오직 당신뿐이며,
첫 단추를 대신 끼워줄 사람은 없기 때문이다.

Working harder on yourself builds a quality
that others will want to copy. If you find yourself
with negativity towards another person,
then you need to adjust your thinking and forgiveness
is a crucial first step. The same goes with yourself.
If you are holding yourself accountable for something
that occurred long ago, take the first step
and forgive yourself. It is natural to be harder
on yourself for mistakes than you would be someone else!
Don't be!
You and you alone are the only person
that can make a difference in your life.
If you do not take the first step,
I will guarantee you no one else WILL.

결실 맺는 법

앞서 언급했듯이, 은혜로 결실을 맺는다는 것은 인간이 몸소 나서서 될 일이 아니다. 인간의 노력은 바람직한 목표를 앞당기기보다는 오히려 방해가 될 테니까. 우리는 자신 안에 역사하는 주역이 하나님의 영이라는 것과, 그의 섭리에 순응하면 그가 가장 선한 길로 인도하시리라고 믿기만 하면 된다. 그래도 제 힘을 믿어보겠다며 고집을 피운다면 자신이 쳐놓은 울타리에 갇혀 평생 악의 종노릇을 해야 할 것이다. 자신을 버리고, 하나님의 섭리를 완벽히 구현해 낼 '성령'을 의지해야 한다. 하나님의 신격character과 본체nature가 나타나면 악은 깨끗이 제거되기 때문이다.

지금까지 은혜를 통해 성공하는 비결을 충분히 기술했으니 이번에는 사랑의 선물을 받은 사람이 인격을 함양하는 데 적용할 수 있는 사례를 살펴볼 차례다. 누군가가 '두려움'에

사로잡혔다고 치자. 그로부터 해방되려면 우선 회개와 사랑, 그리고 기도로 하나님 곁에 서야 한다. 집회에 참여하여 선물을 받아도 좋을 것이다. 성령에 힘입어 성자의 이름으로 성부께 (그의 뜻에 따라) 두려움이라는 악에서 구해주십사고 기도하라. 소원하는 바를 믿음으로 구하되 이를 받게 되리라 믿어야 한다. 그러고는 구원과 사랑을 주신 하나님께 감사하고 그를 찬양하자. 기쁨으로 찬양하는 가운데 영적 분위기가 조성되면 하나님의 영이 임재하여 그분의 완벽한 섭리가 당신 안에서 구현될 것이다.

이는 이론이나 광신주의 혹은 교의신학dogmatic theology에 입각한 방법이라기보다는 영감과 수백 명의 증언이 입증한 '영적 법칙spiritual law'이라고 해야 옳을 것이다. 하나님의 뜻에 일치한다면 의인의 기도는 수학이나 물리학 문제가 풀리듯 명백히 응답을 받지만, 죄악에 둘러싸인 영혼이 구원을 바란다면 성령을 받지 못할 것이다. 설령 받았다손 치더라도 하나님의 응답일 가능성은 매우 희박하다.

한편, 마음은 순수한데 하나님의 존재를 의심하거나 자신의 간구를 들어줄 리가 없다며 일축한다면, 그 역시 성령의 역사를 거스른 탓에 응답을 기대할 수 없다. 즉, 응답을 끝까지 믿는 사람만이 확실한 결실을 맺을 수 있다.

꺼져가는 기억력에 다시 불을 지필 수 있고 정신력이 더욱 강화될 뿐 아니라 악한 성향은 제거하고 강인한 인격에 건실한 영혼을 불어넣을 수도 있을 것이다. 수천 명의 증언을 토대로 하는 이야기지만 나 역시 공감하는 바가 크다.

앞서 밝힌 방법론은 악을 선으로, 실패를 성공으로 뒤집는 데 보탬이 되고 싶어 적용했고, 암시 기법은 많은 사람들이 그리스도Christ나 사랑의 선물gift of Love을 믿지 않아서 도입키로 결심한 것이다. 특히 '암시'는 '마인드 트레이닝mind-training'에 탁월한 효과가 있는데, 나쁜 습관을 고치고 육신의 정욕을 물리치며 고매한 덕을 체화하려면 기도하되 의심하지 말고 하나님의 은혜를 통한 응답을 끝까지 확신해야 할 것이다. 하나님은 모든 악에서 당신을 구해주시며 믿기만 하면 무슨 덕이든 베푸신다는 점을 명심하라.

응답을 끝까지 믿는 사람만이 확실한 결실을 맺을 수 있다.

성 공 으 로　가 는　시 크 릿

영적 법칙은 통한다!
나는 하나님의 뜻에 전적으로 동의한다.
기도한 모든 것이 기회로 이어지자
만상을 '영적 법칙'으로 보는 눈이 생겼기 때문이다.
하나님과 함께 서서 영적 '분별력'을 이해한다면
기회의 폭은 훨씬 넓어질 것이다.
'분별한다'는 말은 정신적으로 사물을 꿰뚫어보거나
차이를 구별한다는 의미이며, 깨닫거나 혹은
통찰력을 발휘하여 이해한다는 뜻이다.

SPIRITUAL LAW. IT WORKS!

I agree with God.

Everything I have asked for has come through opportunities
that have presented themselves before me,
that I was able to discern through SPIRITUAL LAW.
The other side of the coin, is the other side works this way
and what appears to be an opportunity is sugar coated
and catches the unsuspecting believer off guard
and causes a negative adjustment.
Being right with God and understanding discernment will
increase your opportunities immensely.
Discern: To see, to distinguish, to discriminate, to know
or recognize mentally!
Discerning: To reveal insight and understand.

선한 기질은 평소에 길러라

지금껏 바람직한 변화를 창출하고 굽은 것은 도려내며 바닥에 깔린 것은 '업그레이드'할 수 있는 방법론을 짚어보았으니 이제야 활동을 개시할 수 있는 체질이 됐을 것이다. 그런데 본격적인 노력을 기울이기에 앞서 항상 염두에 두어야 할 점은, 최선의 결실을 맺으려면 하나님의 은혜든 암시든 '시험temptation에서 자유로울 때' 적용해야 한다는 것이다. 이를테면, '평온할 때 전쟁을 준비하라'는 뜻이다. 인격을 먼저 함양해야 지혜로운 행위가 수반되기 때문이다.

멍하니 기다리고 있다가 난데없이 시험이 닥치면 그릇된 충동에 휩싸여 일을 망치기 십상이나, 사전에 훈련해 두면 스스로 충동을 장악할 수 있다. 평소에 소방 교육을 잘 받은 아이라야 실제 화재에 적절히 대처할 수 있고, 훈련으로 단련된 군인이라야 전쟁이 터지더라도 명령에 복종할 수 있는 것과 같은 이치이다. 따라서 암시 기술로 감정과 기질을 훈련함으로써 명령에 복종하고 시험이나 시련에 적절히 대처할 수 있어야 한다.

예를 들어, 고된 일에서 비롯된 스트레스로 신경이 날카로워지고 쉽게 짜증이 난다고 치자. 이런 '증상'이 지속되면 삐딱한 성향이 굳어질 테고 건강에도 좋을 리가 없다. 이를 '교정'하려면 매일 아침 일과를 시작하기 전, 온유하고 느긋한 마음을 가질 수 있도록 하나님께 도움을 구하고 그분의 선물을 받아들여라. 기도한 것을 받는다는 사실을 벅찬 가슴으로 기뻐하고, 선물을 베푸신 하나님께 감사하며 그를 찬양하라.

아울러 시련도 기쁘게 여겨야 한다. 그래야 기분 나쁜 일도 웃음으로 대처할 수가 있다. 이처럼 선한 기질이 습관화된다면 성마름irritability을 버리고 건강을 되찾을 수 있을 것이다.

성 공 으 로   가 는   시 크 릿

인격도 그렇지만 '시련을 기쁘게 여기라'는 점도 중요하다.
자기계발에 몰두하다 보면
웃음이 절로 나고 어깨의 짐은 한결 가벼워질 것이나,
각 단계를 밟아나가는 동안 당신을 뒷걸음질케 하려는 '힘'도
똑같이 작용한다('작용과 반작용의 법칙'과 이치가 같다)는 점을
염두에 두어야 한다. 하지만
자신만의 성공 철학에 살을 붙여가다 보면
단계별 해법이 점차 익숙해지고 요령도 생길 것이다.
정상에 올랐다면 잠시 멈추어
남들에게도 당신만의 노하우를 일러주자.
그러고 나서 또 다른 산을 오르라!

Personality PLUS "Meet every trial with a SMILE."
As you work harder on improvements to yourself,
the smiles become easier and the troubles become less!
With each step going forward,
there is an equal amount of force pushing back

(with every action there is an equal and opposite reaction).

As you build up your success philosophy, these steps
become easier allowing you to gain momentum.
When you make it to the Top of the Hill, stop, take a breath
and then teach others to find their way to the top.
Once you have taught others to teach others,
move on to another hill!

인격을 담을
건강한 그릇을 준비하라

　성공하는 인격을 함양하려면 건강하고 튼실하며 역동적인 몸부터 만들어야 한다. 역동적 힘은 엔진의 스팀에 비유할 수 있으며 정신 에너지와 열정, 의지력 및 '인간 자기장personal magnetism'을 형성하기 때문이다. 전 세계적으로도 힘이 달려 실패하는 사례는 비일비재하다. 즉, 혈액이 탁하면 생각도 탁해지고 불순한 피는 불순한 감정을 조장한다는 이야기다! 따라서 성공을 꿈꾸고 있다면 마음과 인격을 표출하는 수단인 육체의 '성전temple' 건설도 소홀히 해서는 안 될 것이다.

　그러나 혈액과 장기의 기능이 인생의 성공에 기여한다는 사실을 아는 사람도, 섭생의 비결을 터득한 이도 매우 드물다. 건강에 이로운 식습관뿐 아니라 숨 쉬는 법조차 모르는 사람도 부지기수인데, 더 심각한 문제는 안다 해도 아는 만큼 행동이 따라주질 않는다는 것이다.

영양소를 제대로 섭취하지 않으면 정신적 기력을 비롯하여 활력 및 '도덕적 순결moral purity'까지도 바닥을 칠 것이다. 또한 폭음으로 힘을 낭비하는 사람이 최선을 다할 거란 기대는 하지 않는 편이 낫다.

지금부터라도 건강관리뿐만 아니라 체력 배양법을 체계적으로 교육해야 할 것이다. 일반인들의 업무 능률은 1년간의 섭생과 체력 훈련에 따라 결정되며 이는 감성과 정서와도 관계가 깊다.

한편, 외모에 신경이 예민한 젊은 여성들도 활력소가 필요한 건 마찬가지다. 피부가 탄다거나 주근깨가 생길까 하여 망설이지 말고 과감하게 태양 볕을 만끽하라. 당신에게 강인한 체력과 활기가 느껴진다면 흡인력magnetic도 덤으로 얻게 될 것이다. 흡인력이 있다는 말은 아무리 얼굴이 주근깨로 가득해 생선 비늘을 방불케 해도 '호감형'이 될 수 있다는 뜻이다. 이처럼 흡인력이 있고 따스한 온정과 순수한 가슴을 품은 당신은 타인의 존경과 사랑을 얻고도 남을 것이다.

꿀벌이 조화造花에 접근하는 모습을 본 적이 있는가? 꽃이 시야에 들어오면 녀석들은 처음엔 얼씨구나 하며 그리로 다가갈지 모르나, 미처 닿기도 전에 잠시 멈칫하고는 이내 윙 하고 어디론가 날아가 버린다. 멀쩡한 남자가 여자 마네킹을 보고 반하지 않는 것과 같은 이야기다.

  이야기를 좀 더 진지하게 해보자. 사람이라면 누구나 순수한 가슴과 고매한 품성을 비롯해 자비와 미모를 겸비한 인격이 삶 속에서 실현되기를 간절히 바라며 그리스도를 닮아가길 원한다. 그러나 건강과 체력이 받쳐주지 않는다면 그 역시 탁상공론에 지나지 않을 것이다. 인생의 소원이 무엇이건 성공하고 싶다면 서둘러 강인한 체력과 건강한 삶, 건전한 사고를 가꿔야 한다.

스스로를 신통한 예언자라고 생각하던 한 브라만이 자신의 능력을 알아줄 곳을 찾아 어린 아들을 데리고 낯선 마을에 도착했다. 사람들이 많이 지나다니는 거리에서 그는 아들을 안고 몹시 큰 소리로 울부짖었다. 사람들은 그에게 우는 이유를 물었다.
"하늘을 보니 내 아들이 이레 후에 죽는다는구려. 어린것이 이리도 일찍 죽는다니 불쌍하지 않소?"
"설마 그러기야 하겠소?"
"해가 서쪽에서 뜰망정 내 말은 결코 틀리지 않소."
이레 후 브라만은 남몰래 어린 자식을 죽였고, 사람들은 그의 신통함에 그를 공경하게 되었다.

-인도 우화

성 공 으 로 가 는 시 크 릿

건강한 삶은 요원한 이야기가 아니다.
아래 권고 사항을 찬찬히 읽고 건강으로 가는 지름길에
오르길 바란다. 앞서 말한 '성전'은 당신의 몸을 일컫는다!
첫째, 아침 기상 후 45분 안에 조식을 해결해야 한다!
아침식사 때 신진대사가 시작되는데 조금이라도 늑장을 부리면
몸은 '동굴인 모드'로 전환되어 하루 종일 지방을 축적할 것이다.
몸이 '단식 중'이라고 오해하기 때문이다.
말이 나온 김에 덧붙이면, 살을 뺀답시고
끼니를 거른다면 기대와는 반대의 결과를 초래할 수 있다.
무엇을 먹든 체내에 쌓일 테니 말이다. 아침에 눈을 뜬 후
45분 내에 '해치우는' 첫 식사(단백질, 지방)가 가장 중요하다.
둘째, 단백질을 섭취하라. 식사 때마다 섭취해야 할 권장량이
정해져 있다. 체중에 0.8그램을 곱한 뒤 그 결과를 6(끼니)으로 나누면
구할 수 있다. 이를테면, 몸무게가 180파운드(약 80킬로그램)라면
$0.8 \times 180 = 144$이므로 $144 \div 6 = 24$그램이 된다. 즉, 끼니마다
단백질 24그램을 섭취해야 한다. 불포화지방과 포화지방은

매일 25퍼센트와 3퍼센트 미만으로 섭취한다.
우리 몸은 단백질을 한 번에 40그램까지 분해할 수 있다.
또한 붉은 살코기는 하루 최대 14그램만 먹어야 한다.
셋째, 정수된 찬물을 마셔라. 하루에 여덟 컵(약 220밀리리터)씩은 마셔야 한다. 냉수는 체내 활동을 촉진하여 물의 온도를 높이므로 매일 100칼로리 정도는 분해할 것이다!
1년이면 살이 4.5킬로그램 정도 빠지는 셈이다.
넷째, 항산화작용을 돕는 차를 두 잔 마셔라. 차는 활성산소가 세포 기능을 손상시키지 않도록 도와준다. 우리는 매일 활성산소를 들이쉬고 흡수하며 섭취할 뿐만 아니라 마시기도 한다. 이와 같이 활성산소는 출처가 매우 다양하므로 미리 대비해 두면 좋을 것이다.
다섯째, 탄수화물 섭취를 40그램 미만으로 낮춰라! 사실, 탄수화물은 사는 데 별 도움이 되지 않는 영양소다. 물론 탄수화물이 전혀 없는 음식을 찾는 편이 더 어렵겠지만 이를 매일 40그램 미만으로 줄인다면 체내에 축적된 독소를 (9, 10일마다) 배출해 낼 수 있을 것이다.
여섯째, 가장 좋은 운동은 걷기이다! 무리한 운동은 되레 역효과를 불러일으킨다. '심근 강화 운동 프로그램'을 곁들이면 금상첨화다.

일곱째, 영양보충제(비타민이나 건강보조제)도 중요하다.

종합비타민은 매일 적어도 세 번(아침, 점심, 저녁)은 복용해야 한다.
우리 몸에는 체내에서 합성되지 않는 필수 비타민·미네랄 17종이
필요하기 때문인데, 이를 음식으로 섭취해도 좋을 것이다. 혹시라도
필수 비타민·미네랄이 공급되지 않는다면 몸은 가녀린 근육
(심장, 간, 신장 등)에서 필요한 영양소를 '탈취'해 갈 것이다.

사람의 뇌는 생존을 위해서라면 물불을 가리지 않기 때문이다!

여덟째, 정신적 암시 기술로 건강 '프로그램'을 입력하라.

'앞으로 건강할 것이다'라고 자신에게 말해 주고 마음을
느긋하게 갖자. 그러면 입에 들어가는 음식이 달라질 것이다!
소원하는 바와 이를 실현하기 위한 방법을 구체적으로 적어두고
아침저녁으로 큰소리로 읽어보라.

마지막으로, 당은 '침묵의 살인자'이다!

사실 흡연보다도 당분 탓에 죽은 사람이 더 많다.

A healthier lifestyle is just a few steps away. Please read the attached recommendations and start on the road to Health.

The TEMPLE noted above is YOUR BODY!

1) Eat within 45 minutes after rolling out of bed! This will start your metabolism for the day. If you wait any longer, your body will automatically go into Cave Man Mode and start storing fat all day long because it thinks you're starving yourself.

People who starve themselves trying to lose weight are getting the opposite effect. Anything they eat goes into storage.

It all starts with the first meal (Protein/Fat) within 45 minutes after rolling out of bed. 2) Eat Protein. There is a specific amount you should eat at each meal. You calculate 0.8g × Your weight than divide by 6 meals for the day. Eat every 2 to 3 hours.

Exp: If you weigh 180 lbs multiply 0.8 × 180=144/6=24 grams of Protein at each meal. Unsaturated fat less than 25%/day and Saturated Fat less than 3%/day. Your body can only process 40g max. of protein at one sitting. Eating red meat all the time will

start to plug your intestinal track. We recommend only eating 3/6 oz. of red meat max. per day when you eat it. 3) Drink Cold Purified Drinking Water. We recommend drinking 8 (8oz) glasses per day. The cold water will cause your body to run a little harder to heat the water up. You will lose about 100 calories a day! This equals approximately 10 lbs per year in weight loss.
4) Drink two(2) 8oz. cups of anti-oxidant tea. This will help reduce the free radicals roaming about and doing cellular structural damage. You breathe, absorb, eat and drink free radicals every day. They come from many different sources so it pays to be pro-active in this area alone. 5) Reduce carbohydrate intake to less than 40 grams per day! Yes! That is correct! Your body does not need carbohydrates to live.
It is extremely hard to find anything that has zero carbohydrates. If you keep your carbohydrate intake below 40 grams per day, it will allow your body to flush the toxins out that have built up in your system. This regularly occurs every 9 to 10 days.
6) The best exercise is walking! Excessive exercise reverses the

benefits. Moderate exercise to include a good cardio program is highly recommended. 7) Nutritionals (vitamin/supplements) are important. You should at least take a Multi Vitamin three(3) times per day, AM/Noon/PM. Your body requires 17 essential vitamins and minerals that it does not make. It gets these from what you eat and drink or take in nutritional form.

Note: If your body does not get these vital vitamins and minerals, it will steal what it needs from your lean muscle(heart, liver, kidneys, etc.). Your brain is programmed to survive and it will take what it needs! 8) Programming your body to be healthy is good too, through mental suggestion. You can tell your body to be healthy and believe that it is, rejoice and be happy! It will then open up opportunities for you to put the right stuff into it! The best way to do this is to write down what you want, how you are going to get it and read aloud AM and PM every day until it becomes a natural reality! Note: Sugar is the SILENT KILLER! I believe abuse of this product alone is responsible for more deaths worldwide then cigarette smoking.

욕심을 절제하라

인격을 함양하는 첫 단계는 욕심을 절제하는 것이다. 욕심은 충직한 하인과도 같다. 하인 없이 나 혼자만으로는 성공하기가 어렵겠지만, 욕심이 도리어 '독재자'가 돼버린다면 그에 종노릇하는 여러분의 성공은 기대할 수 없을 것이다. 욕심을 가라앉히기 전에는 두뇌 훈련도 비즈니스도 아무런 의미가 없다. 욕심은 파멸을 불러일으키는가 하면 기운을 소진케 하고 천재성과 희망을 무참히 짓밟을 뿐 아니라 포부를 꺾어버리기 때문이다. 성공하길 바란다면 특별 훈련으로 욕심을 '세뇌'하여 충직한 하인으로 삼아야 할 것이다.

'삐뚤어진 미각perverted palate'도 삶을 힘들게 한다. 예컨대, 마약에 맛을 들이면 판단력이 흐려지거나 성공을 목전에 두었어도 결국에는 패가망신을 하게 될 테니 말이다.

통제를 벗어난 정욕은 성공을 가로막고 역량을 분산시키는 한편, 조급해하는 기질은 성공 가도에서 당신을 잡아챌 것이다. 뿐만 아니라 감수성이 너무 예민해서 바보가 되거나 실패하는 경우도 비일비재하다. 이 같은 기질은 전혀 도움이 되지 않으니 어느 하나에라도 해당된다면 될 수 있는 한 빨리 폐기 처분해야 한다. 굳이 집안에 적을 둘 필요는 없지 않는가?

적을 '내쫓고' 비정상적 욕구를 자신과 분리시키려면 당신이 육carnal과 영spiritual으로 된 '이중인격체'라는 사실을 염두에 두어야 한다. 이 모든 과실은 언젠가는 사그라지고 말 인간적인 마음에서 비롯된 것으로, 영적(혹은 원대한) 본성과는 아무런 관계가 없다. 영적인 사람은 그들까지도 다스릴 수 있어야 한다. 그럴 힘이 없다면 앞서 언급한 방법대로 비상식적인 기질에서 벗어날 수 있도록 간구하라.

성 공 으 로 가 는 시 크 릿

두뇌는 생존에 필요한 단백질과 지방 및
각종 영양소(비타민과 미네랄)를 요구한다.
충분한 영양소를 공급한다면 뇌는 가뜩이나 빈약한 근육에
축적된 것까지 빨아먹지 않을 테고 '밥 좀 먹으라'며
잔소리도 하지 않을 것이다.
뇌에 단백질과 지방 및 각종 영양소를 원활히 공급하려면
위의 융털에 낀 찌꺼기를 제거해야 한다. 본디 융털은
영양 물질과 단백질 및 지방 등을 흡수하여
혈관을 통해 뇌로 전달하는 기능을 담당하므로,
융털이 막히거나 제 기능을 발휘하지 못한다면
건강에 적신호가 들어올 것이다.
따라서 섬유질과 단백질을 섭취하고
항산화작용을 하는 차와 물을 충분히 마시는 것이 중요하다.

The brain wants to survive and requires protein, fat and nutritionals (vitamins and minerals).

If you will keep the brain fed properly, it will stop robbing your lean muscle and stop telling you to eat!

It gets a little more involved than this.

In order to get the protein, fat and nutrients to the brain, you have to keep the villi in the stomach free and clear of obstructions. The villi absorb the nutrients, protein and fat and put them in the blood stream to feed the brain.

If these are plugged up or broken off, then you will have health issues as a result.

It is important to drink water and antioxidant tea along with eating fiber, protein and fat.

에너지를 강화하라

무엇인가를 이루려면 '힘power'이 있어야 한다. 직장 일도 그렇지만 사업을 하거나 오락을 즐기고 생각하고 생활하는 데도 힘이 필요하다. 그런데 정신적 에너지가 행동을 가능케 하므로 이를 확보하지 못한다면 성과를 기대할 수 없을 것이다. 따라서 힘의 발원지인 정신 에너지부터 개발해야 한다. 몸은 멀쩡해도 에너지가 부족하면 종종 무기력해지고 쉽게 피곤을 느끼며 힘쓰는 일이라면 꽁무니를 빼게 될 테니까 말이다.

하지만 원인이 선천적인 것이든 후천적인 것이든, 이는 적절한 훈련으로 극복할 수 있다. 또한 어릴 때부터 정신 에너지를 강화하려면 처음에는 간단하지만 약간 까다로운 과제를 주고 점차 난이도를 높이면 될 것이다. 한 가지 중요한 사실은 세계적으로 머리깨나 쓴다거나 재계를 주름잡는 인재들은 소싯적부터 힘겨운 정신노동을 해왔다는 것이다. 즉, 조기 훈련이 열정과 끈기, 그리고 역량을 키워 성공을 뒷받침했다는 이야기다.

에너지가 부족하다고 느끼거나 늘 앉아 있는 사무직에 종사한다면 체력 훈련을 해야 한다. 매일 까다로운 일을 벌이고 나서 열정을 발휘하여 이를 처리해 보라. 일은 열정에 따라 늘리거나 줄일 수 있다. 아울러 '나에게는 무한한 잠재력이 있으며 하나님의 능력에 힘입어 그것을 지금 깨울 생각이다!'라고 스스로 다짐한다면 에너지는 급상승할 것이다.

성 공 으 로 가 는 시 크 릿

알짜 에너지는 음식이든 물이든 산소든, 피부로 흡수되는 것이든
생각이든, 체내에 들어오는 것에서 비롯된다. 혈기가 왕성했을 때
먹고 마신 것과 피부가 흡수한 것을 생각해 보고 이를 메모해 두자.
당시 텔레비전 방송이나 뉴스, 음악 혹은 성인 오락물 등,
뇌가 무엇을 '접수'했는지도 짚어보라. 앞서 밝힌 항목(음식과 환경,
체내에 흡수된 것 및 생각)을 살펴보면 건강과도 밀접한 관계가 있음을
알게 될 것이다. 먹고 마시는 것만 적절히 조절해도 암을 비롯한
여러 질병을 80퍼센트나 예방할 수 있고 신진대사가 원활해지면
오래전에 잃었던 에너지를 되찾을 수 있다.
매주 한 번씩은 교회에 가서 설교를 듣는 것도 좋다!
한두 번 참석하다 보면 하나님의 임재가 느껴지고 영혼의 변화를
만끽할 수 있을 뿐만 아니라, 죄에서 해방됐다는(회개한다면) 기분도
들게 될 것이다. 한 주간 이 같은 변화가 언제 어디서 무엇과
누구를 통해 왜 당신에게 찾아왔는지 물어보라.
부정은 부정을 낳는 법이다. 즉, 해로운 생각은(듣고 보고 만지는 등 오감도

포함) 건강에 해로운 음식(탄수화물 등)을 먹을 때 점차 확대되며, 건강에 해로운 음료(탄수화물이 가득한 음료나 카페인이 첨가된 PH가 낮은 음료)를 마시고 독소로 가득한 대기(일산화탄소 및 대기에 흩날리는 독성 가스 등)에서 호흡하며 해로운 무언가가 피부에 흡수된다면(해로운 자외선을 비롯하여 가공·처리된 크림, 화장품, 데오도런트 및 헤어스프레이 등) 당신은 몸에 해로운 짓을 하고 있는 셈이다. 그러면 일요일 날 받은 은혜가 들어갈 공간이 남아 있지 않을 것이다! 우량아로 태어났음에도 암이나 각종 질병에 걸리는 까닭은 이미 밝혔다. 누가 뭐라고 말하든 그것은 중요하지가 않다. 병을 고칠 수 있는 사람은 당신뿐이므로 당신에게 베풀 수 있는 최선을 습득하고 이를 직접 실천하면 된다. 그렇다! 수술이나 처방약은 일시적 해결책은 될 수 있을지 모르나 이들에 계속 의지한다면 결국에는 제 명에 죽지 못할 것이다.

그러면 후세에도 본이 되지 않는다. 위업은 학습과 적용 및 가르침 외에는 성취할 방도가 없다.

True energy comes from what we place into our bodies;
be it food, water, oxygen, absorb through skin or think.
If you remember a time when you were younger
with energy to burn, stop, take a pen and paper
and start tracking what you were eating, drinking, absorbing.
Look at the environment you are breathing and most of all,
what you are putting in your brain everyday from TV,
news, music, adult entertainment, etc.
When you really dig deep and look at these five items:
Air, Drink, Food, Absorb, and Thinking, you will find
that it has everything to do with health.
If you focus on what you eat and drink alone,
you will reduce your health risk to cancer
and various diseases by over 80%.

If you get your body's metabolism running properly,

you will get back much of that long lost energy.

I think it's commendable that people go to church

and here the word at least once a week! I know when you go

and two or more come together, you feel God in the house.

You feel in your soul the uplifting,

the removal of Sin if you repented.

The question is through who, why, what, where

and when did all this stuff get into

you over the period of one week?

I have a theory about this.

Negativity produces negativity, if you think

(hear, see, taste, touch, and smell) **negative thoughts,**

which I believe are multiplied when you eat

negative food (food not good for the body —carbohydrates), drink anything other than purified drinking water and anti-oxidant tea (carbohydrate laden drinks or unnatural caffeinated PH reduced beverages), breath toxin filled air (Carbon Monoxides, toxins dumped into the atmosphere, etc.), and last but not least absorption, through the protective shell of the body (Harmful UV rays from the sun, tanning beds and processed - skin creams, facial beauty products, deodorants, hair sprays, etc.) you are supplying your body with negative items that does not allow it to heal from the graces you received on Sunday! If you were born a healthy baby, then there are only five ways and five ways alone you can get disease, cancer, etc. It does not matter what anybody tells you.

You are the only one who can fix the problems as they arrive.
The only way to do this is to learn what is the best things for you and start doing them.

Yes! You can get temporary relief from surgery (depending on the situation) or find some prescription drugs that give you instant energy.

If you continue to do what got you into the condition you are in, then you will continue in the same path over time and die before your time.

This sets a poor example for the coming future.

All it takes is adjustments through learning, applying, and ultimately teaching to acquire GREATNESS!

에너지를 통제하라

 에너지가 넘치는 것과 이를 최대한 활용하는 것은 별개의 문제다. 우리는 에너지를 애먼 데다 쏟아 붓고는 왜 항상 피곤한지 모르겠다며 의아해한다. 아침에 버럭버럭 화를 낸 탓에 직장 일에 투입해야 할 에너지를 소모해 버리는가 하면 걱정으로 이를 낭비하는 사람들도 적지 않다. 심지어는 쓸데없는 일이나 감정에 얽매여 정력을 소진하는 경우도 비일비재하다. 사람들은 대부분 필요 이상의 고민이나 계획 혹은 아직 일어나지도 않은 일이나 과거사를 곱씹으며 에너지를 끊임없이 낭비한다.

 '에너지 조절법'을 몰라 이를 필요 이상으로 쏟아버릴 때도 적지 않다. 세 시간에 끝내야 할 일을 한 시간에 몰아버리고는 그 후유증에 끙끙 앓는 소리를 내는가 하면 하루를 잡아서 청소, 빨래에다 우유도 짜고 빵도 굽고는 일주일을 힘들어한다. 일을 적절히 배분할 수만 있어도 건강에 큰 보탬이 될 것이다.

실적을 올리고 싶다면 에너지를 적절히 통제할 수 있어야 한다. 과로가 신경세포를 지치게 하는 까닭은 세포가 재생되는 속도보다 빠르게 에너지를 공급해야 하기 때문이다.

앞서 언급한 대로, 에너지를 적절히 주무르려면 '나에겐 자제력이 있다, 그러니 쓸데없이 초조해하거나 걱정하는 일은 없으며 힘을 애먼 데 낭비하지도 않을 것이다, 목표를 성취할 때까지 에너지를 적절히 쓰고 나머지는 아껴둘 것이다'라고 스스로 다짐하라. 이보다 나은 비책이 있다면 불필요한 걱정이나 '욱하는 성질'이 발동할 때마다 '신의 뜻이 당신 안에 이루어지면 모든 에너지를 통제할 수 있는 힘이 생길 것'이라고 믿고 마음을 느긋하게 가져라. 그러면 에너지를 쓰고 모으는 기술을 터득하게 될 것이다.

성 공 으 로   가 는   시 크 릿

소싯적 야외에서 만끽했던 신선한 공기와 자연의 소리,
그리고 삶의 현장을 떠올려 보자. 그땐 장막을 치고
부싯돌로 불을 내어 요리를 해먹는가 하면 양동이에 샘물을 길어다가
설거지를 했다. 지금은 상상도 할 수 없는 일이지만,
역사적인 위인들이라면 마음을 다잡고 싶을 때
야외로 나가지 않았을까 하는 생각이 든다.
우리 몸은 가정에서 흔히 볼 수 있는 페인트를 비롯하여
카펫 등의 섬유, 자기장을 만드는 전기, 염소 처리된 물,
냉장고, 난방기, 텔레비전, 케이블 박스, 연기가 새어나오는 오븐 및
벽난로 등이 날린 잽으로 온통 멍투성이가 됐다.
예는 그 외에도 무궁무진하다. 자동차는 방청제防鏽劑로,
사무실은 직원들이 입 밖으로 쏟아낸 갖가지 자극제로
몸살을 앓고 있다. 그러니 공장 노동자들이야 오죽하겠는가!
골칫거리가 생겼는데 딱히 해결책이 떠오르지 않는다면

이틀간 집 안의 주전원을 꺼버리고 마음의 안정을 찾으라.
긴장이 누그러졌다면 가전 기기가 얼마나 있는지
생각해 보는 것도 좋다. 혹은 전원 속 리조트로 휴가를 떠나는 것도
훌륭한 방법이다. 숙영지를 별도로 마련해 둔 공립 공원도 참고하라.
에너지를 키워보겠답시고 핏줄이 튀어나오거나 체지방이
과도하게 줄어들 정도로 몸을 혹사시키는 것은 (장기적으로 볼 때)
득보다는 실이 더 크다. 마라톤 선수를 보라. 건강할 거라고
생각하지만 실은 운동과 담을 쌓은 사람들보다
훨씬 일찍 세상을 떠나지 않는가?
식사 습관 조절도 에너지를 보존하는 방법이다.
공기를 정화하고 머리에 흡수되는 것을 여과할 수 있다면
행복하고 건강한 인생을 영위할 수 있으며, 자신만의 노하우를
남에게 전수한다면 삶은 더욱 풍요로워질 것이다!

The good old outdoors, fresh air, natural sounds,
and real life. Camping via tent, natural fires to cook, dishes
cleaned from buckets of water taken from a pure spring.
What's missing? The essentials of modern day living.
I believe some of the greatest minds in history spent time
in the great outdoors to rejuvenate their minds and self.
Our bodies are zapped of our strengths everyday
with products in our homes. Like paint, fibers (carpets),
electricity (magnetic), water (chlorinated), refrigerators running,
HVAC systems running, TV's, cable boxes, gas fumes
from ovens and fireplaces, etc.
The list will go on and on. Get in your car,
the rust inhibitors. Go to work, for the office workers
the same as home issues only a larger mix of irritants floating
in the air due to hundreds of people breathing. For the factory
worker, the list could go on into infinity!
If you're having problems and you cannot find a resolution,
try turning off the master power switch in

your home for a couple of days and see if that gives some relief. If you feel the tension subside, then you may want to revisit how many appliances or electrical gadgets you have.

Or, you may want to take a vacation to a resort where everything is all natural. I find state parks offer the best camping opportunities in today's market place. I also believe that in conserving energy, trying to gain strength by overexerting your body to the point of blood veins sticking up and healthy body fat reduced is doing more harm than good —Long Term!

Take for example marathon runners, a large portion of these supposedly healthy people die long before the couch potato.

Adjusting your eating and drinking habits alone will increase and conserve your energy as needed. If you can clean up the air, the items that you absorb through your shell and filter what goes into your mind, you will become happier, healthier and if you teach others your new found secrets, ultimately wealthier!

사랑을 통해
생명력을 발산하라

감정과 에너지는 서로 밀접한 관련이 있고 둘 다 생명과 활력의 근원이 된다. 건전한 감정은 기운을 북돋우고 마음을 정화하며 힘을 솟구치게 하나 무정한 사람은 임종을 목전에 둔 사람과 같다. 애정은 영향력을 소통시키는 분위기를 조성한다. 반면, 사랑이 없는 사람은 빛을 받아도 대기가 없어 이를 열로 전환시키지 못하는 죽은 행성과 같다. 따라서 무정한 사람보다는 마음에 상처를 내는 한이 있더라도 감정을 표출하는 편이 훨씬 낫다는 이야기다.

위인들의 공통점은 감정을 숨기지 않고 강한 애정을 나타내며 붙임성도 탁월했다는 것이다. 성공하는 인격을 갖추고 싶다면 사랑을 하면 된다. 순수한 애정을 적절한 대상에게 쏟아 부어라. 또한 사랑이신 하나님과 첫 계명(마음을 다해 그분을 사랑하고 이웃을 내 몸같이 사랑하라)도 기억해 두자. 일부 사회

학자들의 자유연애론free love을 일컫는 것도, 부부의 애정과 결혼 서약을 파기하라는 것도 아니다. 동반자를 진실로 사랑하고 이웃에게는 따스한 우애를 가져야 한다는 말이다.

직업과 지위 고하를 막론하고 올바른 사회적 본성social nature은 매우 중요하다. 이는 여성의 가장 큰 매력일 뿐 아니라 많은 재계 인사 및 전문가들의 성공 비결이기도 하다. 강력한 사회적 본성은 기회의 문을 활짝 열어주며 친구와 후원자를 끌어 모을 뿐만 아니라 인생의 희열과 열정을 불러일으키기도 한다.

섬김service이나 최고의 가치 실현을 염두에 두고 원대한 삶을 바라본다면 사랑을 주고받아야 한다. 선goodness은 사랑에서 비롯되며 친질 역시 사랑에서 용솟음치기 때문이다. 요컨대, 인간이 동경하는 숭고한 덕은 사랑의 소산인 셈이다. 영원한 생명 역시 사랑의 선물이다. 신을 닮으려면 사랑의 중심에 서 있어야 하므로 '하나님은 사랑이시다, 그가 의로운 자와 불의한 자에게 사랑을 쏟으시며 사악한 자를 비롯한 모든 인류에게 자비를 베푸실 것이다, 그의 은혜로 나는 주님을 닮을 것이며 사랑과 생명력을 발산할 것이다'라고 자신에게 말해 보자.

성 공 으 로   가 는   시 크 릿

재차 말하지만, 사랑은 가장 강력한 감정이므로
이를 잘 활용한다면 당신에게 좋은 일이 생길 것이다.
이를 배우고 활용하며 전수하라.
당신도 사랑을 나눌 수 있다!

Again, Love is the strongest emotion
and if you will harness this emotion
and direct it towards good,
great things will come your way.
Learn it, Apply it and Teach it,
you can always share Love
to the extent directed above!

열정을 불태워라

 감정이 결합된 에너지는 열정을 불러일으킨다. 열정을 가꿔라. 역사를 보더라도 열정 없이 대업을 이룬 적은 없다. 열정이 부족한 학생은 대체로 성적이 좋지 않고 열정이 메마른 교사 역시 실패자에 불과하다.

 열정이 결핍된 영업 사원이나 직원은 될 수 있는 한 고용하지 말아야 한다. 예컨대, 영업으로 유명한 다이아몬드 딕 Diamond Dick은 100파운드짜리 모래주머니를 하루 동안 파운드당 1달러씩에 파는 데 1,000달러 내기를 걸었다. 그는 열정을 최대한 발휘하는가 하면 암시 기법을 동원했다고 한다.

 몇 년 전 나는 밀워키Milwaukee의 어느 식료품점에서 토마토 케첩을 '광고하는' 젊은 여성에게 '붙잡힌' 적이 있다. 케첩이 코 밑에도 있었으나(뒤늦게 알았다!) 그녀의 입담이 어찌나 구구절절 마음을 끌던지 전문 영업 사원도 감탄했을 것이다.

그녀는 케첩의 주원료를 조목조목 일러주었고, 독특한 향과 잘 어우러진 배합률을 내세우는가 하면 첨가된 향료의 각 비율까지 덧붙였다. 결국 나는 솔로몬은 상상도 할 수 없을 만큼 많은 지식을 2분 만에 얻은 듯싶다. 당시 100마일을 달려와 가격에 맞춰 쇼핑을 하던 나였지만 그녀가 정신을 쏙 빼놓고 만 것이다. 그러고 나서 코너에 서 있는 다른 직원의 말을 들어보았다. 그런데 그는 한동안 비몽사몽이더니 어딘가 마비된 듯 끝까지 정신을 차리지 못했다. 한편 그와는 완전히 다른 그녀의 입담에 고객들은 케첩을 맛보더니 좋다는 반응을 보였다. 실은 열정에 탄복해서 그렇게 느꼈을 것이다.

카운터 뒤에서 졸음이 역력한 얼굴로 시키는 일만 하는 직원과는 대조적인 모습이었다. 그들은 '필요한 제품이 있으시면 불러주세요'라고 쓴 띠를 두르고는 고객의 결정만을 무덤덤하게 기다리는, 매장과는 어울리지 않는 사람들이다. 그런데 더 놀라운 사실은 점주들이 돈을 줘가며 그런 도우미를 쓴다는 것이다. 게다가 소비자들은 거의 불만을 느끼지 않았다(남을 존중하는 마음이 그토록 갸륵하다!). 맥이 풀린 사원 한 트럭보다 화술에 열정이 묻어나고 고객의 다양한 필요에 관심을 두는 영업 사원 하나를 두는 편이 나을 것이다.

물건을 사고파는 일에 관심이 없는 젊은 여성이라면 '뭐,

나까지 그렇게 살아야 하느냐며 반박할지 모르나 '당신도 열정이 있어야 한다'는 것이 내 지론이다. 사교성을 키우고 싶다면 인기가 많다는 여성들이 별것도 아닌 일에 '호들갑'을 떨고 사소한 언사도 그냥 흘려듣는 법이 없으며 감정에 대응하는 방식이 남다르다는 점을 알아야 한다. 그들의 매력은 바로 열정에 있다는 이야기다. 사실, 미국의 미혼 남녀 중 절반은 결정적 순간에 열정이 부족해 꼭 손해를 본다!

직종이나 지위를 막론하고 성공하기를 바란다면 일에 열정을 불태워야 한다. 지대한 관심이 또 다른 관심을 낳고 감정이 뒷받침된 긍정적 사고력이 열정적 반응을 불러일으키지만, 내키지 않는 일은 영적이든 육적이든 성취되기가 어렵다. 때문에 소극적인 크리스천은 아무리 희생정신이 투철하더라도 누군가의 귀감이 될 수 없으며 전도도 쉽지가 않을 것이다. 하나님을 영화롭게 하고 싶다면 '작열glow'이라는 두 글자를 염두에 두라. 성령의 불꽃이 작열한다면 일은 성취될 것이다.

지혜를 얻고 세상의 이치를 깨우치려면 길들지 않은 야생마처럼
마구 날뛰는 생각을 다스려 평온을 찾아야 한다.
평온은 내 안에 켜놓은 등불처럼 어지러운 정신의 다툼을 다스린다.
—아메리칸 인디언의 잠언

성 공 으 로 가 는 시 크 릿

당신 어딘가에 불꽃이 이글거린다.
경외심에 닭살이 돋거나 위가 꼬이는 듯한 증상이 나타나는데,
이를 두고 '열정'이라고 한다.
열정이 있어야 기회의 문이 열릴 것이다.
이와 같이 감정의 열정을 찾아내어 이를 타인과 함께 나누고
분명한 계획으로 새로운 여정을 향해 출발한다면
시작은 이미 성공한 셈이다.

You have a fire in you someplace.
It's an awe inspiring feeling that when energized
may put your stomach in knots
or fill your skin with goose bumps.
This is the type of enthusiasm you need when you reach out
and touch other people's lives with warmth and love.
This type of enthusiasm will open doors
and create opportunities that never existed before.
Find this emotional enthusiasm and share it with others.
Start your new journey, belief in yourself with a plan for action
and you have the beginning of a winning combination.

힘보다 머리를 써라

과거 그루터기를 뽑아내고 통나무를 굴리던 시절에는 힘만 세면 무조건 크게 될 '재목'으로 여겼다. 그러나 스팀과 가스, 전기 및 중력을 이용하여 고된 일도 척척 해결하는 요즘에는 힘보다는 '머리'가 사람의 가치를 좌우하게 됐다. 업무에 머리를 쓸수록 그들의 몸값이 오른다는 이야기다.

600제곱킬로미터나 되는 땅에서 겨우겨우 산다며 아우성치는 사람이 있는가 하면, 150제곱킬로미터도 살 만하다는 사람이 있다. 전자는 힘쓸 일이 많지만 후자는 머리만 쓰면 되니 그런 것이다. 기술공artisan 중에는 시간당 25센트를 받는 사람이 있지만 75센트를 받는 사람도 있는데, 전자에 비해 후자가 머리를 세 배 더 쓰기 때문에 그럴 법도 하다.

이처럼 머리가 사람의 가치를 좌우한다. 따라서 당신의 몸값과 지위를 올리고 싶다면 업무에 두뇌를 결합해야 한다.

하루 100달러짜리 능력을 발휘하느냐 1달러짜리 능력에 그치느냐는 '머리'와 '인격'이 결정하는 것이다.

나는 앞에서 평범한 사람도 경제력을 10퍼센트에서 50퍼센트까지 끌어올려 3년 안에 '몸값'을 두 배 이상 키울 수 있다고 언급했다(3장 참고). 그 방법은 바로 지적 역량을 '불량negative'에서 '양호positive'로 바꾸고 총체적 훈련을 통해 뇌력mind power을 끌어올림으로써 사고력과 인지력, 기억력 및 지능을 '업그레이드'하는 것이다.

기억력이 부족한 사람은 습득한 지식을 잘 잊거나 주의를 집중하지 못하고, 스스로 생각하는 법을 모르는 사람은 남의 의견을 맹종하거나 판단력을 발휘하지 못한다. 그러나 머리는 훈련만 잘하면 기억력과 분석력 및 판단력을 강화하고 적절한 결론을 적시에 내릴 수 있을 것이다.

성 공 으 로　　가 는　　시 크 릿

경제력을 10퍼센트에서 50퍼센트까지 늘릴 수 있는 비결은
학습과 적용이나, 50 이상 끌어올릴 준비가 됐다면
배우고 활용한 바를 전수해야 한다.

Learning and Applying are key to increasing your earning power from 10- 50%.
When you're ready to increase it even more, start Teaching(Keep Reading).
The majority of all fortunes made are people who learn something, apply what they learn, then teach others to do what they learned so they can move on to other things!

주의력을 통해
인지 능력을 길러라

　두뇌의 역량을 기르는 첫 단계는 집중된 관심과 통일된 주의력으로 분명하고 간결한 인지 기술을 습득하는 것이다. 의지만 있다면야 어려울 일은 없겠지만, 한 가지 문제는 주의를 한곳에 기울이지 못하는 애매한 인지력에 있다. 사람은 대체로 만상을 지각하지만 딱히 하나만 꼽으라면 아무것도 없다는 이야기다. 여럿을 동시에 인식하다 보니 정확하고 뚜렷한 심상을 만들어내지 못하는 것이다.

　머리도 사진기와 다르지 않다. 예컨대, 멋진 사진을 찍으려면 가만히 앉아서 노출을 적절히 맞춰줘야 한다. 그동안 조금이라도 움직여서는 안 되며 혹시라도 빛이 부족하면 노출을 늘려야 할 것이다. 즉, 손을 고정한 채 대상에 초점과 노출을 적절히 맞춰야 선명한 사진을 찍을 수 있다는 말이다.

한 가지 대상에 정신을 집중하는 것은 가만히 앉는 것에, 집중력의 크기는 빛의 양에 해당한다. 따라서 정신력을 한곳에 집중한다면 분명하고 또렷하며 영속적인 인상 또는 의식의 흐름에 기억으로 재생된 '이미지'가 나타날 것이다.

요컨대, 기억력을 끌어올리는 첫 단계는 분명한 인지력에 있으며 그 성패는 주의력과 그 강도intensity에 따라 좌우된다.

성 공 으 로   가 는   시 크 릿

어떤 계획이나 아이디어로 무언가를 창출하기 위해
가장 중요한 것은 집중력이다.
우선 업무의 범위를 정하되 효율을 높이려면
집중력을 발휘해야 한다. 그러고 나서
계획에 필요한 프로세스를 작성하고
'한 가지'에 정신을 집중하라! 오감을 열어둔다면
새로운 기회는 언제나 찾아올 것이다.

Focus is key when you want to create something
through a plan or idea that you come up with.
You need to develop a Scope of Work.
To insure quality, focus is required.
You need to put together a procurement list of everything
you need to make it happen,
"attention to one thing and intensity of concentration!"
Keep your senses open.
New opportunities present themselves each and every day!

집중력은 학습 효과를 높인다

 이제 두뇌 회전력과 기억력을 함께 향상시킬 수 있는 첫 단계를 공개할 차례다. 학생이 집중의 기술을 터득한다면 학습 시간이 반감될 것이다.

 예컨대, 역사를 공부한다면 우선 진지한 마음가짐으로 학습에 임하라. 다른 사람은 신경 쓰지 말고, 한 번에 한 문장만 집중해서 읽은 후 다음으로 넘어가는 방식으로 단락 끝까지 살핀다. 그러고 나서 눈을 감거나 책을 덮고 전체 요점을 되새겨라.

 책을 보지 않고 이 과정을 두세 번 반복한 후, 다음 단락도 같은 방법으로 집중해서 읽고 첫 단락부터 차례로 되짚어보면 된다. 이렇게 공부하면 내용을 기억하는 데는 문제가 없을 것이다.

 이처럼 적극적으로 머리에 입력한 정보는 절대로

지워지지 않는다는 사실을 명심하라. 공부와 놀이에 집중력이 분산되면 수십 번을 학습했어도 남는 것이 없지만, 한 가지 주제를 두고 고도의 집중력을 발휘한다면 성적도 좋을 수밖에 없다.

성 공 으 로   가 는   시 크 릿

성공하는 사람을 연구하고 싶다면
가까운 친구들을 둘러보라!
성공한 사람이 있는가? 혹시
건강이 좋지 않은 친구가 주로 먹는 음식을 당신도 먹고 있는가?
성공한 사람이라면 어떤 것이든 흉내를 내도 좋지만
그렇지 않은 사람은 아무것도 모방하지 마라!

Would you prefer to study someone down on their luck
or someone successful?
Look at the people you hang out with!
Are they successful?
Look at the food you're eating in comparison to those
who are unhealthy, are you eating the same things?
Study those about you and if they are unsuccessful —
DO NOT COPY THEM.
If they are successful,
mimic every good trait you can acquire!

기억력을 길러라

앞서 밝혔듯이, 기억력을 배양하는 비결은 집중력과 인지 및 두뇌 활동으로 압축된다. 정신을 흐트러뜨리는 원인에는 해이한 정신력이라든가 지적 태만intellectual laziness 혹은 정신이 멍한 상태를 꼽을 수 있는데, 이들은 '추상abstract thinking'에 지나치게 몰두해 생기는 증상이다. 수많은 '몽상가'들이 추상적인 세계에 사로잡혀 있다.

한번쯤 들어본 적이 있을지도 모를 우스갯소리가 있다. 어느 목회자가 설교에 너무 몰두한 탓에 신발을 갈아 신는다는 것을 깜빡하여 실내화와 구두를 한 짝씩 신고는 교회로 걸음을 옮겼다고 한다. 이를 눈치 챈 아내가 냅다 달려가 남편을 불러 세웠으나 아직 잠에서 덜 깼는지 그는 몸을 돌이켜 "어디서 많이 뵌 분 같군요"라고 말했다는 것이다.

감정에 쉽게 휘둘리는 사람도 그에 억눌려 기억력과 인지력을 제대로 발휘하지 못한다. 감정이라는 세계에 갇히면 정확한 사고와 인지가 힘들다는 것이다. 그들은 욕구나 상상력에 발이 묶여 지각이 없으나, 이는 암시 기법으로 충분히 극복할 수가 있다.

두 번째 단계는 기억하기 어려운 것을 다른 것과의 연상을 통해 자연스레 떠오르게 하는 기술이다. 형태나 모양은 잘 기억하나 명칭에는 기억력이 약하다면 단어를 쓰고 그 형태를 관찰하는 방법뿐 아니라 연상 기법도 효과가 있을 것이다.

성 공 으 로   가 는   시 크 릿

시험공부를 할 때 덕을 많이 본 기술이다.
표에 나타난 화학원소를 모두 외워야 한다면
문장이나 노래로 만들면 기억하기가 쉽고,
그 순서를 정확히 꿰고 싶다면
시를 지어 암기하면 될 것이다.
재미도 있고 학습도 수월해진다.

I have had success with this type of thinking
in preparing for exams: If you need to know the titles
to all the elements in the chemical chart,
come up with a sentence or song
that will establish a letter with the name.
If you need to know them in the correct sequence
you could make a poem.
It's fun and it makes learning a whole lot easier.

기억해 내기

기억력과는 다른 이야기다. 무언가를 기억해 내려면 정신적 이미지가 구현된 뇌의 중추나 뉴런을 재가동시켜야 한다. 기억은 완벽하지만 그것이 잠재의식 깊은 곳에 남아 있으면 의식과는 동떨어져 기억해 내기가 쉽지 않다.

사실, 잠재의식 속 기억은 대부분 의지력으로는 끄집어낼 수가 없다. 따라서 잊었다는 것은 십중팔구 잠재의식 속에 있다는 뜻인데, 이는 실험심리학experimental psychology에서 검증된 바이기도 하다.

최면 상태에 들어가면 사람은 학창 시절 배웠던 것을 되뇔 수 있다. 그러나 정상적인 상태에서는 한 줄도 기억해 낼 수가 없다.

무언가를 잘 기억해 내려면 경험이나 지식을 의식에까지 끄집어내는 훈련이 필요한데, 이를 위한 적절한 방법이 '반추think over often'이다. 그러면 신경세포가 활성화되고 연상 능력이 배가되어 의지만으로도 정보를 끄집어낼 수 있을 것이다.

성 공 으 로 가 는 시 크 릿

"책을 보면 될 것을 왜 머리에 넣고 다니는가?"
어느 현자의 말이다. 이는 바꾸어 말하면
배운 지식을 잠재의식에 흘려보내라는 뜻이다.
'책에 답이 있다'는 사실은 기억할 테니 나중에라도 필요하면
책에서 찾으면 될 것이다.
한두 번 쓰고 말 지식을 머리에 담아두는 것은
재능을 지혜롭게 활용하지 못한다는 방증이다.

A wise man once said "Why carry around something
in the head that you can look up in a book?"
In other words, learn it, and let it go to the subjective mind.
If you need it later in life, you would recall
that there is a book out there with the answer
and just go look it up in the book.
To use your mind to retain things
that have no value only but once or twice in life
is not wise use of your faculties.

생각하는 법을 익혀라

"면밀한 관찰력과 탁월한 기억력, 그리고 종합적 분석력이 훌륭한 제자를 양성할 것이다." 파울러 O. S. Fowler의 말이다.

오감은 집중력과 암시로 훈련할 수 있으며 이를 거친 사람은 모든 대상으로부터 배울 수가 있게 된다. "바보는 현자에게서도 배우려 하지 않지만 현자는 아이나 바보에게서라도 배운다"는 격언처럼 말이다. 배움에 뜻을 두었다면 만물이 스승인 법이다.

두뇌를 계발하려면 생각하는 법을 비롯하여 지식을 응용하는 법, 허와 실의 차이와 사실의 상대적 가치를 구별하는 법도 배워야 한다. 정보는 그런 후라야 가치가 있다. 혹자는 자기 것으로 만들거나 응용하지도 않을 지식 습득에 평생을 보낸다. 그런 정보는 머릿속보다 서재에 두는 편이 낫다.

내 친구는 종종 학위를 자랑 삼아 이야기하는데, 양피지

parchment(학위증의 재질을 암시하는 대목이다—옮긴이)로 사무실 벽을 '도배'할 정도로 그는 학위라면 사족을 못 썼다. 대학을 졸업한 후 각종 석·박사 학위를 취득한 그가 훌륭한 석학이고 '걸어 다니는 백과사전walking encyclopedia'이라는 데는 이견이 없으나, 특정 주제를 두고 그의 생각을 물으면 그는 다른 권위자들의 이야기만 주저리주저리 읊어댄다. 자신만의 소견은 없다는 이야기다. 또한 지식을 습득하는 데만 정신력을 쏟아 부어 매년 800달러(100년 전의 화폐가치임을 기억하자—옮긴이)에 만족하고 있지만, 그 중 10분의 1만 적절히 써먹었더라도 그보다 다섯 배는 더 벌었을 것이다.

좋은 머리를 썩혀두지 말고 기지를 발휘해야 한다. 하지만 심오한 과학이나 철학, 형이상학 혹은 종교를 파헤칠 필요는 없다. 일단 주변의 사소한 문젯거리에서 시작하라. 그래도 몸값을 두 배로 올리거나 경제력을 늘릴 수 있으며, 시기적절한 생각만으로도 수백 달러를 덤으로 챙길 수 있다.

'부'가 곁에 있으나 감지하지 못하면 발견할 수 없고, 설령 그런다 해도 이미 다른 사람이 쥐었을지 모른다. 그런데 남이 먼저 찾아야 이를 볼 수 있는 안목이 생긴다는 사실도 신기한 일이긴 하다! 결국 재능보다 값진 '기지tact'는 인지력과 사고력으로 습득할 수 있다.

성 공 으 로   가 는   시 크 릿

인간관계에도 기지와 예리한 감각을 발휘해야 할 때가 있다.
머리가 성공의 열쇠라고 했듯이, 상대방의 말을 경청했다면
생각해 둔 답변만 하는 것이 바람직하다.
남의 이야기를 잘 들어주는 사람이
'수다쟁이'보다 좋은 결과를 맺는다.
그렇다!
성공한 리더라면, 아는 것이 많아 답도 물론 알고 있겠지만,
상대방의 사정을 잘 듣고
그가 스스로 답을 찾을 수 있도록 지도할 것이다.
그런 리더가 존경을 받는다.

Tact plus keeping a keen sense about you
in dealing with others and building up a successful relationship
that moves everybody forward.
Again, in order to be successful, your mind plays a key part.
Listen intently to those talking
and respond only after you have processed the response.
A great listener will get better results than a constant talker.
Yes! You may be well educated and know every answer,
but a successful leader will listen and direct a response
that will lead the person to answer the question for themselves.
Such a leader will gain the respect
and fellowship of the stewards that seek direction.

긍정적 사고

분명한 인지력과 간결한 사고력, 그리고 기억을 끄집어내는 기술을 터득했다면 긍정적 사고력의 기초는 닦은 셈이다. 긍정적 사고는 정신력과 영향력을 높이며, 지식과 명쾌한 추리력 및 예리한 표현력이 만나면 무엇이든 실현할 수 있는 역량을 낳는다.

이를 갖춘 사람이라면 한마디를 내뱉더라도 암시하는 바가 클 것이다. 그들은 성격이 단호하고 말을 삼가지만 (사고방식만으로도) 남에게 귀감이 될 수 있다. 또한 그들의 언변에서는 엄청난 '포스'가 느껴지며 주장은 힘있고 설득력이 있다. 게다가 참고할 만한 소견과 정확한 결론을 내놓는다.

그들은 외모마저도 뭔가 남다른 인상을 풍긴다. 긍정적 마인드에 열정과 자존감 및 양심이 뒷받침된다면 누구든 '절대 호감irresistible'으로 등극할 것이다.

그 같은 사고력을 지닌 사람은 항상 인기가 있다. 전문직도 그렇지만 대기업도 '어디 그런 사람 없나?' 하며 찾으려고 안달이다. 만일 그가 재계에 발을 들인다면 그 순간 중역 자리는 따놓은 당상일 것이다. 물론 지구촌의 모든 사람들이 다 그럴 수는 없다 해도, 앞서 제시한 노하우를 적용할 수 있는 사람이라면 자신의 지성과 몸값을 끌어올릴 뿐 아니라 세상까지도 변화시킬 수 있으리라.

성 공 으 로   가 는   시 크 릿

'유유상종類類相從'이라는 속담처럼 인생은 자석과도 같다.
사람에게는 누구나 장단점이 있다.
그럼에도 두 사람이 서로 매력을 느낀다면
'연정戀情'이 그 둘을 묶은 것인데, 연정은
긍정 혹은 부정적 마인드의 비중에 따라 방향이 결정된다.
부부를 대상으로 한 통계에 따르면, 이 비중은 50대 50이라고 한다.
결혼 생활이 올바른 방향으로 지속되려면
부부가 함께 노력하는 방법밖에는 없다. 서로에게서 장점을 찾고
당신이 높이 평가하는 면을 '벤치마킹'하라.
그리고 '용서'가 행복한 부부 생활의 첩경임도 명심하라.
단점은 누구에게나 있기 때문이다.
사실 단점이 있는 사람이라야 그것을 해결할 수도 있다!

Like attracts Like. I believe life is like a magnet.

We have people with positive traits and negative traits.

When two(2) people are attracted to each other,

there is a connection between them.

This connection may go in either direction depending

if they are more positive than negative, or vice versa.

Based on marriage statistics, it is about 50/50.

A happy, harmonious marriage really takes effort on both sides

to keep it going in the right direction.

Look for the best in each other and work on yourself

to become more like the other one whose traits you admire.

Forgiveness is key to a successful marriage

because we all have a negative side that needs work as well.

However, the only one who can change it is the one who has it!

한 번에 하나씩
집중력을 발휘하라

한 번에 한 가지씩 똑소리 나게 하면 여러모로 두각을 나타내게 된다. 반면 힘이 분산되면 업무의 효율은 떨어지고 주의가 산만하면 힘을 낭비하게 된다. 한 가지에 집중하는 편이 낫다는 이야기다. 직장에서 에너지 낭비를 최소화해 최선의 성과를 내려면 한 가지 업무에 집중해야 한다. 명성과 부를 누리고 싶다면 당신의 '재능'이 먹히는 일을 선택해서 그것만 파고들면 될 것이다.

머리에는 한계가 있다. 평소 분명한 목표를 갖고 에너지와 재능을 집중한 사람이 성공한다. 종이에 햇빛을 쬐어보라. 빛이 분산되면 지면紙面이 조금 따뜻해지지만 한곳에 모으면 종잇장이 타들어 간다. 아무리 천재라도 에너지와 재능을 몇 가지 일에 분산 투입하면 '죽도 밥도' 되지 않을 것이다.

작업실에서 잠 한숨 자지 않고 쉬지도 않은 채 30시간을 정신력으로 버티던 발명가가 있었다. 집중력이 탄력을 받자 식음을 전폐하고도 40, 50시간을 일에 몰두할 수 있었다. 그 후 방에서 나온 그의 몰골을 보니, 얼굴은 매우 창백했고 두 눈은 움푹 들어갔으며 머리는 온통 헝클어져 있었다.

"이보게, 그만 좀 하게나. 뇌를 혹사시킬 참인가? 그래, 또 언제 내려올 건가?" 친구 하나가 그를 책망했다. "일이 끝나지 않으면 절대 내려오지 않을 걸세." 다시 방으로 들어간 그는 친구들에게 전선들을 확인케 하고 몇 가지 질문을 던졌다. 그러고는 집중력을 다시금 발휘하기 시작했다.

51시간이 경과하고, 마침내 56시간이 훌쩍 지나갔다. 발명가, 토머스 에디슨 Thomas Edison의 머리는 시뻘겋게 달아올랐다. 하지만 그토록 달아올랐기에 세상은 전등으로 밝아졌다. 오늘 밤에도 거리와 광산, 터널, 가정뿐 아니라 수백만 사람들의 마음까지 환해지지 않았는가?

그는 지구촌 모든 이에게 건강과 부, 그리고 평안을 선사했다. 가로등이 꺼지지 않는 한, 가장 위대한 발명가 에디슨은 명예의 전당에서 영원히 빛날 것이다.

성 공 으 로 가 는 시 크 릿

아내와 나는 우주 비행사가 되어 목성에 가겠다는 아들에게
"학교에서 열심히 공부하고 네 꿈을 마음에 간직해야 한다"고
일러줬다. 그러자 두 달이 지난 후에는
성적(점수가 두 배나 올랐다!)과 행동이 크게 달라졌다.
목표의 가치는 본인이 결과에 얼마나 집중하느냐에 따라
결정되는 법이다. 앞으로 수년은 더 기다려야 하겠지만
그동안 포기하지 않고 목표에 집중한다면
막내 녀석은 세계 최초로 목성을 밟게 될 것이다.
에디슨의 역량은 누구에게나 있다.
당신의 열정을 태울 만한 아이디어가 있다면
기회를 노리며 어떻게든 이를 실현하고 싶을 것이다.
그렇다면 '거머리처럼 찰싹 들러붙으려는' 태도가 중요하다.
목표에 거의 이르면 저절로 감이 올 테니 끝까지 포기하지 마라!

My youngest son told me he wanted to be an Astronaut and go to Jupiter. My wife and I informed him that he would have to concentrate harder at school and start to focus on his end result. It has been two months and his grades have improved 200%, along with his behavior! A goal is worthy if you just focus on your desired outcome. His goal is a few years off but if he continues to focus, pursue, invent, and justify, he may very well be the first person on Jupiter. We all have the capacity to do what Edison did. When you come up with that idea that is just burning a hole in you, then you want to grasp that opportunity and focus on it and make it happen.

The biggest key is the "stick with it" attitude.
If you are almost there and you think a couple of more hours will get you in the position you feel you needed to be in, stick with it! Never give up, life is too much fun!

독창성과 개성을 키워라

개성을 키워라. 개성은 '힘'의 트레이드마크trade mark다. 그러나 유별난 개성을 지나치게 강조하다 보면 성공의 기회는 되레 줄어들 것이다.

개성은 말과 행동에 '독창성originality'의 인증을 부여한다. 세상에 똑같은 사람이 없는 까닭은 하나님이 피조물에 '고유함uniqueness'이라는 인장을 찍으셨기 때문이다. 하지만 현행 교육과 산업 체제는 개성을 해치고 있어 대책이 시급하다.

언행 심사와 노하우의 독창성은 성공하는 인격의 매우 중요한 부분이므로, 최선의 성과를 내려면 본연의 모습에 충실해야 한다. 즉, 남들이 헤집고 다닌 길은 가지 말고 틀에 박힌 노하우는 지양하며 개성은 적극 살리라는 이야기다.

사람들은 대부분 모방을 즐긴다. 생각도 유행에 끼워 맞추는데, 예술의 한 장르인 '패션'만 봐도 그렇다. 재단한 옷감과 색상, 입는 이의 몸매와 얼굴, 머리와 눈 색깔이 어우러져 멋진 작품이 나온다는 것이다. 그래서인지 옷깨나 입는다는 사람들은 죄다 매무새가 단정하다. 사실 그렇게 갖춰 입지 않아도 얼마든지 매력을 찾을 수 있지만 기존의 틀에서 과감히 벗어날 만큼 담력과 지혜를 겸비한 여성이 과연 몇이나 될까?

패션의 귀재들도 조화를 깨는 듯한 의상으로 신선한 충격을 주지 않는가? 물론 이를 수치스럽다며 볼멘소리를 할 법한 '예술가'도 있겠지만 말이다.

의상도 인격과 같다. 사람은 언행 심사나 습관, 비즈니스 및 종교까지 남을 모방하는데, 이처럼 틀에 박힌 인격은 진열된 상품과 다를 바가 없다. 쉽게 살 수야 있겠지만 당최 어울리지도, 몸에 맞지도 않는다는 이야기다.

그러니 자신을 계발하려면 하나님이 당신의 영혼과 육신에 불어넣으신 고유한 패턴을 면밀히 살피고, 직장의 요구에도 부합하도록 자신을 가꿔나가야 한다. 남과 구별된 삶을 영위할 수 있다면 성공의 기회는 더 크게 열릴 것이다.

성공으로 가는 시크릿

최고가 되려면 타인의 본받을 점은 모방해야 한다.
당신은 남들과 다른, 자신의 진면목을 찾고 싶은 것이지
엘비스나 아인슈타인 혹은 나오미(흑인 모델—옮긴이)가
되고 싶은 것은 아닐 것이다!
당신을 바꿀 수 있는 사람은 당신 자신밖에 없으며,
남들이 따라 하고 싶어 할 만한 모범이 될 수 있는 사람 역시
당신뿐이다. 훗날 누군가가
당신에게 사인을 부탁할지도 모른다!

To be the best you can be, feel free to copy the things you admire

or that make other people noble in their efforts.

Remember, you want to be the best

you can be to set yourself apart from the crowd.

You do not want to be another Elvis, Albert or Naomi,

you want to be YOU!

You are the only one that can change you.

You are the only one that can set an example for other people

to copy your great traits.

Have fun with this one.

Someone will be asking for your autograph!

인격과 힘

성공을 위해 갖춰야 할 자질 중 핵심은 단연 인격character이다. 미국 시장도 인격을 최고의 가치로 여긴다. 직장이나 가정 혹은 삶의 형편을 떠나 '수요'가 가장 큰 것도 인격이요, 재계의 중추가 되는 최종 자산final asset 역시 인격이다.

철통 보안으로 고객의 재산을 보호한다는 은행들 중에 사장을 비롯하여 출납원과 고위 관계자들이 죄다 부패한 곳은 없다. 미국 금융계의 문제 중 하나는 수백만 달러의 손실로 극단적인 개혁이 불가피했을 때 드러난, 뼛속까지 '곪은 unsound' 금융 시스템의 실체였다.

1907년 통화 위기는 유가증권 조작과 주식 부정 사건에 직면한 미국 정부의 재정 상황이 수지 균형을 이룰 수 없을 만큼 부실하다는 사실을 밝혀내고 말았다.

"인격이 모자라지만 성공했다"는 말은 어불성설이다. 양심이 없는 두뇌가 무슨 소용이 있으며, 아는 것은 많으나 마음 놓고 일을 맡길 수 없다면 소용이 있겠는가?

  나는 인격을 정의하지 않을 것이다. 무언가를 정의한다는 것은 한계선을 긋는 것이기 때문이다. 인격이란 정력과 정직, 청렴, 신뢰, 신용, 충성, 주의력, 일관성, 용기, 신념, 열정, 헌신, 자존감과 타인 존중, 친절, 위엄, 주의력, 집중력, 겸손, 권위가 느껴지는 순종, 거절("No!")할 수 있는 소신과 무언가를 하려는 의지 및 역량 등을 일컫는다. 이를 갖추었다면 당신은 인격을 갖춘 사람이며, 인격은 강한 개성의 척추 spinal column와도 같다.

성 공 으 로   가 는   시 크 릿

"나는 인격을 정의하지 않을 것이다. 무언가를 정의한다는 것은
한계선을 긋는 것이기 때문이다."
마음에 와 닿는 말이다. 무언가를 정의하면 경계를 긋는 것과 같다.
자신을 계발할 수 있는 여지와 더 나은 방법은
항상 존재하므로 이는 거의 모든 상황에 적용될 듯싶다.
앞서 언급한 인격의 의미는 각자의 분야에서 적용이 필요한 사람들이
먼저 염두에 두어야 할 덕목일 것이다.

We shall not define this word, character,

for what we define, we limit!" I like this saying.

It puts everything in perspective.

Once we define something, we limit it.

I believe this would be true for almost all situations

if you look at it hard enough.

There is always a better way and there is always room

for improvement in self.

The different meanings of character noted above

are great starters for someone who may need

some adjustment in one or more areas.

Again, working harder on self

will increase your interest to everyone!

인격과 명성

인격은 명성과는 별개의 개념이다. 사람들이 우리를 두고 하는 말이 명성이라면 인격은 우리의 됨됨이 그 자체다. 명성은 돈으로 살 수 있으나 인격은 스스로 만들어가야 하며, 명성은 우리의 신분을 소개하고 인격은 이를 변치 않게 해준다. 명성은 지위를 주고 인격은 이를 유지한다.

명성은 고용주의 마음을 끌고 직원의 수완에 눈길이 가게 하는 반면, 직원의 인격은 직위와 임금을 끌어올린다. 기업가들의 말을 들어보면, 남의 눈치를 보지 않고 책임을 성실히 이행하는, 믿을 수 있는 직원은 50명 중 한둘에 불과하다고 한다. 그러나 따지고 보면 십중팔구는 고용주나 관리자의 책임이 크다. 직원이 판단력을 발휘하고 책임을 다하는 풍토가 마련되지 않았다는 것이 문제다.

인격과 책임 이행 능력은 하루아침에 습득되지 않는다. 고용주가 인내심을 갖고 그런 자질을 발휘할 수 있도록 돕는다면 직원의 역량은 크게 달라지게 마련이다. 고용자의 실책으로 직원들의 업무 능력에 불신과 무력감을 부추겨서는 안 될 것이다.

성 공 으 로　　가 는　　시 크 릿

고용주라면 직원을 교육할 슈퍼바이저와 관리자를 채용한다.
그들이 조직의 성공에 보탬이 되려면 직원을 감시하기보다는
그들에게 관심을 갖고 좀 더 바람직한 방향으로 발전할 수 있도록
지도해야 할 것이다. 혹시라도 직원이 탈선하기 시작했다면
궤도를 수정하면 된다. 슈퍼바이저나 관리자가 자신의 본분을
성실히 이행하지 않는다면 직원은 다시금 '궤도'를 벗어날 것이며
영영 복귀가 어려울지도 모른다.
직원을 기업의 큰 일꾼으로 키우려면 신뢰와 책임감을
쇄신할 수 있는 사내 프로그램이 가동돼야 한다.

이로써 고용주는 업무가 적절한 규정 시한에 처리될 수 있도록
지침을 제공할 수 있을 것이다. 그는 기업 내외에서
직원이 발전할 수 있는 기회를 찾아야 한다.
고용주가 성공한 직원을 현 직위에
계속 두어야 할지 타 직원을 교육하는 데 그를 투입해야 할지
결정하는 것도 매우 중요하다. 직원이 성공할 수 있도록 발판을
마련한다면 기업의 성장과 직원의 단합을 기대할 수 있을 것이다.
가급적 눈에 띄지 않고 입을 다무는 자가 진정한 리더다.
책임감을 심어주고 싶다면 동기를 부여하라.

I concur that employers hire managers and supervisors
to watch and instruct employees.
This is necessary for anyone who wishes
to grow in an organization. I believe the key
to success is to not watch over the employees back
but to give them the attention needed to set them
in a proper direction. If they start to stray off course,
then a small adjustment needs to be made.
If the supervisor or manager does not do their job correctly,
then the employee may veer way off course and may not recover.
For an employee to grow and bring great value
to the organization, then trust and responsibility must be
instilled early on in the program.
In doing so, that the employer can give direction,
walk away, and know that the work will be completed
in a duly allocated time frame.

The employer must be prepared
to present opportunities for growth to an employee who is
reaching for more or recommend growth opportunities
outside the organization if the employee has reached the top.
The biggest issue I see with employees who go above
and beyond is that the employer wants to keep them in
that position vs. letting them teach others what
to do so they can move on! Always provide room
for advancement. It will grow your organization
and it will keep the flock together! Personal Note:
"Seldom seen, seldom heard is the leader for the herd,
motivation is the key, to enable responsibility!"
"Learn, Apply, Teach."

감시자의 눈

몇 년 전의 일이다. 두 젊은이가 구직차 시카고에 왔다. '뼈대 있는' 가문 출신으로 경영학을 전공한 톰과 조지(가명을 쓰기로 한다)는 주당 16달러(요즘 가치로 환산하면 100을 곱해 주당 1,600달러가 된다—편저자)를 받기로 하고 일을 시작했다.

머리 좋고 붙임성 있는 톰은 친구들과 매일 밤 코미디 클럽comedy club과 나이트클럽the dance hall 및 온천 등 도시 문화를 두루 즐겼으나 근무 시간에는 엄격히 일에만 집중했다. 하지만 무슨 이유에서인지 승진하기가 어려웠다. 3년 후 임금은 주당 22달러로 인상됐고 몇 차례 인사이동도 있었으나 관리직에는 오르지 못했다(결국 주급은 25달러를 밑돌았다). 동료들이 그를 '승진 부적격자'로 지목했던 것이다. 제 돈으로 도박판을 벌이고 수상쩍은 친구들과 자주 어울린 탓에 미덥지가 않았다는 것이다.

반면, 조지는 그다지 명석하진 않았으나 시간만은 칼같이 지켰다. 15분 전에 출근해서 퇴근 벨이 울리면 서슴지 않고 사무실을 나갔다. 저녁에는 도서관이나 YMCA(그리스도인의 인격을 높이기 위해 설립된 초교파·비정치적 기독교 단체—옮긴이)에서 시간을 보내는가 하면 몇몇 친구들과 고상한 취미 활동을 즐기기도 했다. 그리고 매주 일요일엔 교회에 갔다. 2년이 채 되지 않아 그는 관리자로 승진되어 주당 25달러를 받았다.

어느 날, 다른 회사로부터 '러브콜'을 받은 그는 새 직장으로 자리를 옮겼고 약 2년이 지나자 임금은 40달러까지 올랐다. 세 번째 회사에서는 부지점장으로 승진, 주급은 무려 50달러에 이르렀다. 그런데 부지점장에겐 1만5,000달러 상당의 채권이 배당되었다. 그는 처음 입사했던 회사에 전화를 걸어 채권 매입 동의를 받아냈다. 그리고 저녁 식사 후 집에 가려던 차에 두 번째 회사 사장을 우연찮게 만났다. 근황을 이야기하자 사장은 기다렸다는 듯이 "내게 보냈더라면 액면가의 두 배는 쳐줬을 텐데 말이야"라며 너스레를 떨었다.

그로부터 6년 후, 조지의 월급은 225달러(2008년 달러 가치로는 2만2,500달러—편저자)까지 상승했다. 결국 그는 회사의 주주가 될 만큼 충분히 돈을 모았고 지금은 부사장이 되었다.

성 공 으 로 가 는 시 크 릿

청렴과 근면이 생명이다.
최선을 다하려면 실수로부터 하지 말아야 할 일을 깨닫는
지혜가 있어야 한다. 자신을 지도할 줄 아는 사람은
심증이 100퍼센트에는 미치지 못하더라도 일을 밀어붙이지만,
길을 잘못 들었다는 사실을 깨닫는다면 손실을 줄이는 방법을
택할 것이다. 방향이 옳다면 계속 진행하고
필요할 때 조정해 나가는 것이 지혜라는 이야기다.
성공은 지혜가 있는 자에게 돌아간다.
또한 선의의 잘못을 두고 용서를 구한다면
영향력을 적잖이 발휘할 수 있을 것이다.
토머스 에디슨은 '전구'라는 성공 가도를 달리기 전,
수천 가지나 되는 길을 걸었다!

Integrity, be the best you can be! As you strive
to do your best, wisdom and knowledge of how not
to do things will come as errors are made. I believe the key is
that you have to try even if you are not 100% sure of the direction
your taking. You are educating yourself along the way
to reduce the amount of loss should you take the wrong turn.
When you have made an error, adjust your direction
and start again! When you are going in an ethical, true direction,
keep going and make adjustments as necessary along
the path. The key to success is when you make that mistake,
you take the responsibility to correct your error
and get back in the saddle again! An apology for an honest
mistake carries a lot of weight. Thomas Edison —
Great Example — Thousands of different directions before
success on the light bulb!

살인자는 밝혀진다

 감시자의 눈을 의식하며 근무할 필요는 없다. 밤에 무엇을 하고 돈은 어디에 쓰며 어떤 친구와 어울리는지, 혹은 승진할 만한 인물인지 살피는 감시자는 바로 당신 안에 있다.

 그에게서 벗어나거나, 그가 고용주나 동료들에게 '고자질'을 하지 않도록 막을 방법은 없다. 당신 얼굴에 다 쓰여 있기 때문이다. 목소리와 걸음걸이, 당신의 태도, 그리고 인격에 숨어 있는 '무언의 목격자 the silent force'가 사건의 전말을 떠벌릴 것이다.

 인간관계와 자신의 가치를 결정하는 영향력은 사상과 습관, 포부 및 의지력의 산물로, 신념이 받쳐주면 권위와 매력을 발산하게 마련이다. 그러나 삶이 방탕한 사람은 업무에 충실해도 믿음을 주지 못한다. 무언의 세력이 교양 있는 사람들과는 어울리지 못하기 때문이다.

신뢰가 깎이면 노력도 깎이게 마련이며, 아무리 허세를 부린들 부족한 인격이 채워질 리 없다. 생각이 불순하고 정직하지 않다면 신념과 권위뿐 아니라 바른 영향력마저 잠식될 것이다. 순수한 신념은 존중을 낳고 기회의 물꼬를 트며, 부와 명예를 쥐고 있는 사람들의 관심을 자극한다.

성 공 으 로   가 는   시 크 릿

사람은 최고의 감시자를 마음에 두었다.
정당하다는 확신이 든다면 밀어붙이고
그렇지 않으면 일보 후퇴하여 궤도를 수정하라.
성실한 직원이라면 자신의 실적을 스스로 평가할 수 있어야 하며,
어느 슈퍼바이저보다 철저히 자신을 관리할 것이다.
물론 슈퍼바이저에게서도 피드백을 받아야 옳다.
동료 직원보다는 취약 분야를 정확히 지적해 줄 수 있을 테니 말이다.
부족한 점은 채우면서 장점을 강화하라.

"You are your own best spotter."

Only you know if it's right.

If it is, go for it! If it's not, take a step backwards if you can and adjust your direction.

I believe an employee with integrity should be able to give their own performance review.

These employees will typically be harder upon themselves than any supervisor would ever be.

I also believe the employees should give the review to the supervisor, who better to point out areas for adjustments than those who have to work with you.

The key here is when you get these results, work on the points that need work, and continue to strengthen the good points.

자기 몫의 책임을 다하라

 든든한 버팀목이 될 자신이 있는가? 책임지는 법을 배운 적이 있는가?

 외출하시는 당신의 어머니는 당신이 점심을 알아서 챙겨 먹으리라 생각하는가? 대수롭지 않은 일이라고 얼렁뚱땅 넘기거나 책임을 회피하는 사람이 큰일의 경우라고 다르겠는가?

 상사가 당신에게 업무를 지시할 때 '알아서 착착 진행하겠지' 하며 믿고 맡기는가? 그렇다면 당신의 승진은 시간문제다.

 인격이라는 위대한 기질이 부족하다면 스스로 이를 계발할 수 있도록 프로그램을 짜보아라. 취약점은 곧 드러난다. 혹시 도움이 필요하다면 가족이나 은사 혹은 상급 직원에게 요청해라. 부족한 점을 지적해 줄 것이다.

'나도 남이 의지할 만한 재목이 될 수 있다'고 다짐하고 업무에 에너지와 사고력을 심어라. 무슨 일이든 자신의 사업이라 생각하고 완벽을 목표로 삼자. 학생이라면 노력한 만큼 성과를 얻어야 한다. 정직하게 공부하지 않고 부정행위로 점수를 올리는 사람은 실패자에 지나지 않는다.

인격을 구성하는 요소를 되짚어보고 앞서 다루었던 노하우를 적용한다면 숭고한 자산을 습득하게 될 것이다. 인격은 사람이라면 누구나 가지고 있으며 발전을 거듭할 수 있도록 돕는 가치일 뿐 아니라 최고에 이르는, 영혼의 강력한 원동력이다.

성 공 으 로 가 는 시 크 릿

인격이란 정력과 정직, 청렴, 신뢰, 신용, 충성, 주의력, 일관성,
용기, 신념, 열정, 헌신, 자존감과 타인 존중, 친절, 위엄, 주의력,
집중력, 겸손, 권위가 느껴지는 순종, 거절할 수 있는 소신과
무언가를 하려는 의지 및 역량 등을 일컫는다. 이를 갖추었다면
당신은 인격을 갖춘 사람이다. 요컨대, 매사에 최선을 다한다면
이 같은 자질은 저절로 강화되게 마련이다.
이를 의식한다면 커피의 우유거품처럼 점차 지위가 상승할 것이다.
테네시 주 라피엣에 사는 친구 빌리 스나이더도
나와 생각이 같았다. 그는 "문외한을 앉혀도 그가 성실하다면
조만간 실적이 오를 것"이라며 장담한 적이 있다.

The elements we call CHARACTER. Character means power, honesty and integrity, faithfulness to trust, promptness and punctuality, loyalty and reliability, carefulness and constancy, courage and conviction, energy and application, self-respect and respect for others, politeness and dignity, attention and concentration upon the thing in hand, humility with independence, obedience with power to command, the ability to say "no" and stick to it, the capacity to do and the WILL to do it. If you have these elements you have character. Simply put, I believe if you do your best at everything you do that these traits will start to automatically strengthen. The list above will make you a little more conscious of these facts and with this awareness, you will soon be the cream that rises to the top. A friend of mine, Billy Snyder, of Lafayette, Tennessee, told me that you can put someone in a position that does not know a thing, but if they have integrity, the cream will rise to the top in no time. How true it is and that is only one element of character!

자신을 존중하라

자신에 대한 확신을 키워야 한다. 스스로를 믿지 못하면 성공은 기대할 수가 없다.

자신을 두고 의심이 생긴다면 이를 극복하는 방법은 이미 언급했다. 자신에 대한 확신을 구하는 기도를 하고 그럴 수 있다고 믿어야 한다. 자신을 존중할 수 있는 삶을 살아야 한다. 또한 업무를 달성하는 데 필요한 마음가짐을 계발한다면 자신의 역량을 두고 확신이 생길 것이다.

그러나 자기 본위egotism는 불쾌감을 낳는다. 물론 소심하게 책임을 회피하는 것보다야 차라리 '꼴에 비즈니스는 무슨…' 하며 남을 무시하는 편이 나을지도 모른다. 자신의 역량을 믿지 못한다면 부하 직원에 속절없이 자리를 내주게 될 테니 말이다.

사람의 능력은 시험하기 전에는 아무도 모른다. 이

와 같은 맥락의 속담이 있다. "사람은 차$_{tea}$와 같아서 온수에 담그기 전에는 참맛을 알 수 없다."

평범해 보여도 자신의 역량을 믿는 사람은 타인에게 믿음을 주고 목표에 투신하지만, 자신을 깔아뭉개는 사람은 자질이 탁월하다 해도 내리막길을 달리게 될 것이다.

성 공 으 로　가 는　시 크 릿

당신의 진면목은 시험해 봐야 안다!
각자의 역량이 길고 짧은 것은 '대봐야' 알 수 있다는 이야기다.
자기확신을 키우면 지혜와 힘은 배가될 것이다.
전문의가 뇌종양을 제거한다고 치자.
엉뚱한 부위를 제거하는 불상사도 생길 수 있지만
그가 '학습'과 '실습' 및 '전달'의 과정을 거쳤다면
종양을 떼어낼 수 있을 것이다!
인생은 길이다. 어느 쪽을 선택할지는
오직 자신이 결정해야 한다.
오르막길은 숱한 난관으로 점철돼 있으나
그 뒤에는 영광이 기다리고 있다. 평지는 중년에 이를 테고
조만간 내리막길이 보이기 시작할 것이다.
내려가기가 재미있고 쉽게 보일지는 모르겠으나
그 길을 계속 가다 보면 (닿고 싶지 않은) 밑자락에 이를 것이다!
알다시피, 산을 오를 땐 한 걸음씩 차근차근 걸어야 한다.
그러다가 요령이 생기고 다리에 근육도 붙으면 걸음은
한결 가벼워질 것이다. '성공 가도'는
자기계발에 몰두할 때부터 시작된다.

WOW, you do not know your real strength until you test it!
I think this is so important because each of us has certain
powers, when tested, will shine through. If you work steadily
and consistently on building these powers, you will get stronger
and wiser. Kind of like a brain surgeon you could get in there
and remove a tumor. Unfortunately, you may remove a few other
things that really needed to stay. However, if you learn,
apply and ultimately teach, you will remove that tumor
and may develop a few new practices along the way!
The right road is full of opportunity! Life is like a road,
depending upon which one you choose at the time, depends upon
what direction you are heading in. The road up the hill might be
full of challenges and prosperity, the road that is horizontal
might be where you spend forty years of your life, the road
that goes downhill might seem fun and easy at first but,
if you continue on that path, you may find what you do not want
at the bottom! If you choose to take the road that goes uphill,
a little secret is to take it in steps, one at a time.
As you continue to climb and become more knowledgeable along
the way, the steps will become easier and you will become
stronger. You might want to call this the ladder to success
and it all starts with how hard you work on self!

벼는 익을수록
고개를 숙인다

자만해선 안 된다. 자만은 무지와 우둔stupidity의 '트레이드마크'에 불과하다.

자신만이 진리를 안다고 자부하는 사람은 진리의 제1원리조차 모르는 자다. '자만은 웅대한 허울을 걸쳐도 왜소해 보인다.'

자만하는 자는 위대한 진리를 이해할 수도 없다. 허영심이 자의식을 사로잡아 정신soul을 가두기 때문이다.

옛날 옛적, 어느 허풍선이가 고개를 숙인 채 길을 가던 철학자와 부딪쳤다고 한다.

"남자면 남자답게 고개를 빳빳이 쳐들고 다녀야 하잖소?"

그가 따져 묻자, 철학자는 고개를 들더니 울타리 밖으로 펼쳐진 밀밭을 응시하고는 말했다.

"보시오, 충실한 알곡은 고개를 숙였는데 텅 빈 쭉정이는 곧게 섰잖소?"

위대한 성품은 선goodness과 연합하며 선은 사람을 낮춘다. 자신의 재능이나 공로를 굳이 남에게 '광고'할 필요는 없다. 필자가 만난 위인들을 보더라도 대개는 겸손하고 자신을 드러내지 않았다. 내가 처음 만난 분도 그랬는데, 아직도 그가 눈에 선하다.

소싯적 시골뜨기였던 나는 혼자 뉴욕에 갔다. 찰스스크리브너스선스Charles Scribner's Sons사가 브리태니커 사전의 판촉사원을 모집한다는 광고를 듣고 그리로 간 것이다. 돈도 필요했고 (세상물정에 어두운 사람들이 다 그렇듯이) '나도 책을 팔 수 있을 것'이라는 막연한 생각으로 말이다.

그러나 회사의 문을 연 순간, 전 세계에 공급해도 남을 만한 책이 수북이 쌓여 있는 광경을 볼 수 있었다. 순간 가슴이 덜컥 내려앉았다. 어찌할 바를 몰라 머뭇거리고 있을 때, 군복을 입은 근엄한 신사 한 분이 다가왔다. '혹시, 스크리브너 씨면 어쩌지?' 하는 생각에 머릿속이 복잡했다.

긴 복도를 내려다보니 신사 분 여럿이 있어 스크리브너 씨의 아들이 많은가 보다 생각했다(그들은 매장 감독이었다). 사무를 보던 직원에게 스크리브너 씨를 만나고 싶다고 했다. 용건은 말하지 않았는데 만일 말했더라면 그를 만나지 못했을 것이다.

 엘리베이터를 타고 6층에 내려 복도를 가면서 보니 사방팔방이 책들로 넘실거렸다. 정말이지 건물을 뛰쳐나가고 싶은 심정이었다.

 용모가 매우 인상적인 어르신이 나를 사장실로 안내했다. 문 앞에서 주저하다가 들릴 듯 말 듯 노크를 했다.

 "들어오세요."

 자상한 음성에 순간 멈칫하자 스크리브너 씨가 문을 열었다. 그는 다름 아닌 거기서 처음 봤던, 태없는 신사였다!

 내 손을 잡으며 반갑게 맞이한 그는 내 사정에도 차분히 귀를 기울였다. 그러고는 고향 소식을 비롯하여 네브래스카는 일하기가 어떤지, 학교는 졸업했는지, 앞으로의 포부는 무엇인지 물었다. 마치 동네 어르신과 대화하는 듯했다.

 "백과사전 한 세트를 부칠 테니, 힘닿는 데까지 팔아보고 정 안 되겠다 싶으면 반품해도 좋네."

 물론 추가 비용은 들지 않았다.

 "담보가 될 만한 것이 없는데도요?" 내가 말하자, 그는 내 두 눈을 응시하며 말을 이었다.

 "괜찮아, 자넨 정직하니까."

 아마도 책값을 치르려면 발이 닳도록 다리품을 팔아야 했을 것이다.

  용무를 마치고 일어나자 그는 내 손을 잡고 어깨에 한 손을 올린 채 엘리베이터까지 동행해 주었다. 나는 찰스 스크리브너를 직접 만났고 그의 영향력을 몸소 체험했다.

성 공 으 로 가 는 시 크 릿

위인을 만난다는 건 정말 짜릿한 일이다.
나는 누군가를 만날 때마다 '이 사람이 숨은 자질을 발견하고
이를 확대해 나간다면 유명세를 탈 것'이라고 생각한다.
아이들도 그들 나름의 장점을 살린다면 유명 인사가 될 것이다.
그런데 그들을 '무명 시절'에 만났으니 나는 얼마나 복된 사람인가!
위인은 아이 어른 할 것 없이 정신이
'영글기(자기중심적 마인드가 형성되는 단계)' 전에 태동한다.
겸손하고 온유한 마음이 위인의 첩경이기 때문이다.
돈깨나 벌었다며 자랑삼아 너스레를 떤다면
결국에는 몰락의 길을 가게 될 것이다.
재산을 이웃과 나눈다고 해서 우정이 보장되진 않지만,
부유하고 건강하며 행복한 삶의 비결을 전수한다면
우정은 물론이거니와 사회의 주역도 차지할 수 있으리라.
가장 위대한 선물, 시간을 투자하는 것은
타인이 성공으로 갈 수 있는 가교를 세우는 것이다.

To meet a GREAT man, wow that would be GREAT.
Every person I meet and greet, I think to myself, this person is
someone GREAT and someday they will find that GREATNESS
that lies within and will expand upon it and be famous.
I look at children and see the best in them, someday they
will be GREAT! I am happy to meet them now before
that GREATNESS is realized. GREATNESS realized
before a child is mentally prepared typically creates Egotism.
The same for adults who are not mentally prepared.
Meek and Humble is the way to be GREAT.
You do not need to boast or flash your new found wealth as this
will ultimately bring about your downfall. Sharing wealth with
others will not necessarily bring about sound friendships.
However, teaching others how to get wealthy, healthy and
happier will bring about sound relationships and give that
ownership in becoming a valued member of society.
To invest the GREATEST gift you have, "TIME,"
is what builds bridges and ladders to success for others!

최고의 영광,
신을 의지하라

내 안의 그리스도는 최고의 영광을 받으실 위대한 인격체시다. 신앙관은 개인마다 다르지만 하나님(신)만은 모든 종교의 목표가 된다. 따라서 이를 상실한 사람은 인생의 가장 중요한 것을 잃은 셈이다.

"사람이 만일 온 천하를 얻고도 제 목숨을 잃으면 무엇이 유익하리요(마가복음 8:36)."

설령 내세의 삶을 잊고 작금의 공적으로 성공의 기준을 삼는다 해도, 정신이 온전한 사람이라면 '공의 righteousness'와 그리스도는 궁극적으로 필요하다는 것을 시인할 것이다. 정욕을 자제하고 바른 언행 심사로 가치 있는 목적에 집중한들 얼마나 큰 성과를 거둘 수 있겠는가? 승리가 무슨 소용이며 성공이 무슨 의미가 있는가? 최고의 성공을 학수고대하는 사람이 '거듭난 삶'을 외면한다는 것은 어불성설이다.

'영원permanency'이란 영적 현실과 신의 섭리에 맞물린 공로 밖에서는 찾을 수가 없다. 기회와 재능 혹은 천재성 따위는 일시적인 인기나 명예를 줄지 모르나 그것이 사랑과 양심의 인도를 받아야 영원한 명성이 가능해질 것이다.

동기를 초월하는 사람은 없다. 내 안에 자리해 내 영혼에 '기운impetus'을 끊임없이 공급하는 그리스도가 있기에 지속적인 성장이 가능하다. 강줄기의 힘은 발원지의 고도에 따라 달라지고 삶의 능력은 영감inspiration의 수준에 의해 결정될 것이다.

누구나 숭고한 덕virtue을 원하며 선과 친절, 동정, 정직, 신뢰, 희망, 자비 및 하나님과 인류를 향한 영원한 사랑의 '결정체embodiment'가 되기를 바란다. 알다시피, 이들은 모두 인격을 이루는 자질이다.

그렇다면 이를 어떻게 구현할 것인가? 자기암시나 하나님의 은혜로만 가능하며, 저절로 체득하지 못하는 까닭은 무엇일까?

사람의 마음은 '심술쟁이'인 탓에 그로부터 야박한 정욕과 분노, 탐욕, 야욕, 허영심 및 이기심이 태어났다. 게다가 이런 심술로 사람은 악의 노예로 전락하고 말았다.

의지력이나 암시 기술로 본성을 바꿀 수 있는 사람은 없다. 겉모양과 내면의 욕망은 어느 정도 조절해 줄 수 있으나 본성은 꿈쩍도 하지 않을 것이다. 게다가 본성은 구속restraint에서 해방되면 되레 악해질 수도 있다. 오직 '거듭남regeneration'을 통해 이로부터 마음에 좌정하신 그리스도는 순수하고 거룩한 사랑에서 형성된 덕과 순결, 정직, 희열, 화평, 선, 자비, 건강, 조화를 비롯하여, 이상적인 인격을 만드는 '지혜'와 '힘'을 가동시켜 생명력과 활기를 띠게 하고 마음을 정화할 것이다.

이를 원한다면 그리스도를 의지하라. 육신의 본성을 그분의 영성으로 교환한다면 악습과 약점은 사그라질 테니 말이다. 그러면 그의 힘과 덕이 당신의 삶을 지배할 것이다.

남보다 높은 뜻을 세우라. 그러지 않으면, 먼지 속에 옷을 털고 진흙탕 속에
발을 씻듯 남보다 뛰어날 수가 없다. 세상을 살면서 자신을 남보다 낮추라.
그러지 않으면, 마치 촛불 속으로 뛰어드는 불나방이나
울타리를 들이받는 숫양처럼 안락을 바랄 수 없다.

-《채근담》중에서

성공으로 가는 시크릿

'자유의지'가 사람과 사람이 아닌 것을 구별한다.
하나님은 각 사람에게 자유의지를 주셔서
선택의 기회를 부여하셨다. 즉, 사람에게는
무언가를 믿거나 믿지 않을 권리가 있다는 것이다.
자유의지는 남이 대신 사용할 수가 없다.
선택해야 할 일은 일상에서도 참 많다.
내리막길을 간다면 방향을 180도 전환하고,
평지에서 욕심이 난다면 진행 방향을 수정하면 된다.
오르막길을 가는 데 생각보다 힘이 든다면
속도를 낮춰 심호흡도 해보라.
괜히 무리했다가는 정상에 오르지 못할 테니까.
어쨌든 결단은 당신이 내려야 한다!

"Free Will," this is what sets us apart from all others. God gave each of us the will power to make choices: right, wrong or indifferent. It is our choices that separate us from each other.

You have the right to choose to believe or not believe.

This gift from God is yours and nobody else's.

As you go through your everyday life, you have choices to make.

It is from these choices that direct you in the path you have chosen. If you find yourself going downhill, make some adjustments, do a 180 degree turn if necessary.

If you find yourself on a horizontal path and you know you can and will do better, then make some adjustments.

If you are climbing that hill and the going is tougher than you imagined, slow down, take a deep breath, make some adjustments, perhaps you are stepping to fast and the new step is not quite completed.

Either way, the choice is yours and nobody else's!

균형 잡힌 인격은
반드시 승리한다

　에너지가 충만하고 의지력은 견고하며 지성은 예리하고 감정은 따스하며 영적 본성은 신의 사랑으로 활기를 띤다면 우리는 성공하는 인격의 '재료'를 갖춘 셈이다.

　앞서 개괄적으로 살펴본 대로 세운 계획은 결코 실패하지 않는다. 균형 잡힌 인격이 패배하는 경우 역시 없다.

　본성이 신의 섭리와 조화를 이루고 성령이 이를 뛰게 하며 그분의 지혜로 본성이 밝아지고 사랑으로 따스해진다면 성공하지 못할 이유가 없다. 결국, 성공과 실패는 전적으로 당신 하기 나름이라는 이야기다.

　'얼짱'이 아니라도 좋다. 명석한 머리, 부나 재능 혹은 리더십, 어느것도 필요치 않다. 그러나 열심과 적극적인 태도, 애정, 순결, 믿음, 희열 및 긍정적인 마음과 생각을 갖춘다면 인생이라는 '전장'에서 승리를 선언할 수 있을 것이다.

성 공 으 로 가 는 시 크 릿

'배우고' '써먹고' '가르친다면'
소원하는 바는 무엇이든
될 수 있으며 원하는 일도 마음껏 할 수 있다.
자신의 역량과 하나님을 믿고 매사에 최선을 다한다면
세상을 좀 더 살맛나게 가꿀 수 있을 것이다.
배우고 적용하고 가르치라. 목표는 실현될 것이다!

You can be anything you want to be.

Learn, Apply, and Teach.

You can do anything you want to do.

Learn, Apply, and Teach.

Believe in yourself, believe in God, put forth your best efforts

at everything you do and this World will be a better place.

Remember to Learn it, Apply it, and Teach it!

Your Goal will be Realized!

이완의 기술을 익혀라

 긍정적으로 생각하는 법을 알았다면 이번엔 긴장을 푸는 기술을 터득할 차례다. 감정이든 머리든 지나치게 가동시키면 지치게 마련이다. 그러니 활동을 접고 긴장을 푸는 방법을 모른다면 언젠가는 녹초가 될 것이다.

 방법만 알면 쉽다. 일과 후 퇴근 전에 복장을 가볍게 하고 약간의 스트레칭으로 근육을 풀자. 그러고 나서 샤워를 하면 모세혈관의 순환을 촉진시킬 수 있다.

 잠자리에 들 때는 리듬을 살려 심호흡을 하자. 폐를 천천히 채우되 우선 밑바닥부터 채우고 맨 위의 찬 공기부터 내쉬는 것이다. 신divine의 사랑도 아울러 들이쉬되 지친 자신은 내쉬라. 생각을 비운 채 이를 5~10분 정도 반복하면 좋을 것이다. 그렇게 긴장을 풀며 내주하시는 하나님을 찬미하다 보면 곧 잠이 들 것이다.

일과 시간에는 이따금씩 자세를 바로잡고 느긋하게 심호흡을 해준다. 신의 영원한 평화를 의식하고 그의 임재 안에 살아라.

그분은 걱정하거나 초조해하시지 않는다. 신이 삶의 전부라면 그를 닮게 될 것이다. 그의 은혜가 아닌 제 힘만으로는 어림도 없는 일이다.

몸을 움직여야 직성이 풀린다면 가끔 여유를 부릴 줄도 알아야 한다. 필요 이상의 정력을 소모하진 말자.

성 공 으 로   가 는   시 크 릿

걷는 것이 가장 좋은 운동이다.
하루에 10~20분 정도 동네를 걸어보자.
직사광선에 전신이 노출되는 시간은 하루 5~10분 정도로 족하다.
허리를 곧추세우고 바른 자세로 앉아야 공부도 잘된다.
예컨대, 헬렌 켈러는 자세가 완벽했다.
자세만 교정해도 일 처리 속도가 달라진다는 사실을 알게 될 것이다.
독서도 마찬가지다. 고개가 떨어지지 않도록
책을 앞에 반듯이 세운다면 정보를 기억하는 데도
도움이 될 것이다. 일기를 쓰는 것도 긴장을 푸는 데 도움이 된다.
일상에서 새록새록 피어오르는 아이디어도 적어두라.
누구에게나 기회는 매일 찾아온다!

이런저런 기록을 하다 보면 마음의 짐이 가벼워지고
정신적으로도 긴장이 풀어진다.
다음 날이나 주중에 마쳐야 할 일도 아울러 적어두자.
기억해 두기도 좋고 빨리 해치워야 한다는 부담도 덜어질 것이다.
알다시피, 벤저민 프랭클린이 개발한 일과표 덕에
사람들의 생활은 좀 더 편리해졌다. 계획을 세운 적이 없다면
'프랭클린 플래너(한국에서 흔히 '다이어리'로 불리는 수첩—옮긴이)'로
시작하는 것이 좋을 듯싶다.

The best exercise is to walk, walk around the block or walk
10 to 20 minutes a day. If you are going to get in the sun
and you should, limit your full body exposure
to no more than 5 or 10 minutes a day.
Correct posture or sitting straight up is critical to learning.
If you look at Helen Keller, for an example,
she had perfect posture. I believe you will find
that your retention of what you are working on
will improve by just adjusting your posture to be
as straight as it can be. The same goes for reading sitting down.
If you are reading and sitting, try to position
what you are reading straight in front of you
so that your head is not bent down, this will help
with memory when you want to recall information
you have read. Another form of relaxing is

to write in a journal daily about your experiences that day
and any new ideas you generated as a result of those experiences.
Remember opportunities are available to us each and every day!
I have found by writing down various things,
it has taken a load off my mind and allowed me
to relax mentally which is very good.
You may also prefer to write down some task
that you wish to carry out over the next day or week
that when written down, gives you the relief
from having to try and keep it in your memory.
Benjamin Franklin developed a schedule of tasks
and others have profited from his ideas
and given his name credit. The Franklin Planner is a good start
if you have never done any scheduling or task planning.

섬김의 능력을 쌓아라

인격을 배양하려는 까닭은 무엇인가? 긍정적이고 숭고한 인격을 갖추는 목적은 무엇인가?

무언가가 될 수 있다는 사실만으로도 목적은 정당화된다. 발전에서 느껴지는 기쁨보다 큰 기쁨은 없다. 매일 인격을 쌓는 과정은 보람을, 유익한 활동은 행복을 낳는다.

궁극적 목적이 실현되면 인간의 본성은 낮아지고 신의 본성이 그 위에 좌정할 것이다. 이것만으로도 노력은 가치가 있다. 또한 시련은 비교할 수 없는 상급으로 '상환'될 것이다.

그러나 더 원대한 명분은 바로 섬김의 능력이다. 따라서 자신이 아니라 이웃을 도울 수 있는 역량을 키워라. 최대한 발휘할 힘을 모으고 가르칠 지혜를 습득하며 용서를 배울 사랑을 들이쉬어라. 세상을 환희의 노래로 채울 수 있도록 기뻐하라. 그리스도와 그의 거룩함을 찾고, 당신뿐 아니라 타인이 구원을 받을 수 있도록 스스로 그리스도의 도구가 되어라.

황금 계단을 올라가 하프를 들고 왕관을 쓸 생각은 말아야 한다. 욕정에 사로잡힌 자들은 인과응보karma bound에 얽매여 있으나 신의 은혜와 사랑을 덧입는다면 인류의 십자가 밑에서 모든 사람들이 구원이라는 선물을 받기까지 응원과 격려를 아끼지 않을 것이다.

현 위치는 성공의 터전이며 당신이 행복을 전해야 할 사람은 함께 사는 가족이다. 그리고 지금 만나려는 사람은 당신이 도와야 할 사람이다. 사랑과 진실, 열정, 낙천적인 정신을 발휘해라. 조촐하게나마 친절과 선의를 베푼다면 살맛나는 인생이 될 것이다.

위대한 업적이나 인격을 쌓는다며 호들갑을 떨 필요도 없다. 지금 이곳에서 최선을 다할 수 있도록 은혜를 구하라. 영혼이 성숙하면 훌륭한 기회가 찾아올 것이다.

직장에서 섬김의 자세를 최대한 보여주라. 좀 더 성숙하려면 자신을 포기하고 신의 사랑을 마음 가운데 두며 남을 섬겨야 한다는 것을 기억하라. 이것이 곧 성공의 비결이다.

성 공 으 로 가 는 시 크 릿

소명 의식과 적극적인 성격은 비즈니스나 육아 및 연애 등에
여러모로 유익하다. 남이 당신에게 무엇을 해줄지 기대하지 말고
당신이 남에게 해줄 수 있는 것을 고민해야 한다.
농장이나 퇴직금을 몽땅 '퍼주라'는 이야기가 아니라,
남에게 모범을 보이고 스스로 문제를 해결할 수 있도록
지식을 전수하라는 것이다.

Vocation plus strong inclination to a course of action!
This can be a job, business, raising your children,
loving your spouse, etc.
Best said "It's not what others will do for you,
but what will you do for others?" It is not to say
that you are to give away the farm or your retirement plan.
It means teach others by example
and give them the knowledge to do for themselves.

내일의 영웅이 되어라

극장을 가득 메운 관객들은 입이 떡 벌어졌다. 화려한 조명 아래 유명 배우들이 총출동한 것이다. 멋진 몸매와 우아한 자태로 탄성을 자아내는 배우가 있는가 하면 파워풀한 목소리가 인상적인 배우도 있었고, 각종 보석으로 치장하거나 재치와 끼가 넘치는 스타들도 관객의 부러움을 샀다.

그러나 누군가가 난데없이 "불이야!"라고 외치자 극장은 순식간에 아수라장이 됐다. 겁에 질린 채 메인 입구에 몰려든 사람들은 어떻게든 빠져나가려고 몸을 밀쳐댔으며, 날카로운 비명에 둘러싸인 채 실신하는 사람들도 속출했다.

측면 비상구를 발견한 배우들은 마치 '구조대원'인 양 비상구를 열어젖히더니 특별석에 뛰어들어 질식과 공포로 경황이 없는 관객들을 끌어내기 시작했다. 상황이 수습되고 보니 '스타'들이 가장 많은 인명을 구한 것으로 밝혀졌다.

세상도 극장과 같다. 무대에는 전쟁 영웅과 재계의 사령관, 그리고 예술과 문학 및 과학의 주역들이 등장한다. 당신도 무대에 합류하고 싶을 것이다. 그들은 당신의 이상형이니까.

그런데 극장에 불이 났다! 수백만이 기아에 허덕이고, 호화롭게 사는 '가진 자'들의 뒤치다꺼리를 하느라 착취를 당하는 경우도 비일비재하다! 무지와 빈곤, 악습은 다수의 전유물이 된 지 오래며, 술에 절어 사는 사람도 한둘이 아니다.

게다가 '미덕'은 경매에 붙여졌고 아이들은 부모의 죄로 '저주'를 대물림 받았을 뿐 아니라, 전염병은 수천의 목숨을 앗아갔으며, 애를 긋는 듯한 고통과 처절한 현실, 가난을 두고 외치는 절규는 사그라질 기미가 보이지 않는다. 이에 살인과 자살, 범죄, 간질과 정신병까지 가세했다.

그렇게 지옥은 불타고 있으며 인류는 정욕의 극장에서 숨조차 제대로 쉬지 못한다. 허영과 탐욕, 야욕의 화염은 악마의 형상으로 속절없이 죽어가는 사람들 주변을 핥았으며, 절망에 빠진 영혼들은 구원해 달라며 부르짖는다.

그리스도는 진작부터 사랑의 손을 뻗은 채 탈출구에 서 있었다. 오늘이 구원의 날이다. 사적 쾌락과 이기적 야심은 버려라! 남을 섬길 준비가 됐다면 행복의 걸림돌을 치워라! 내일의 주역은 수많은 인명을 구해낼, 섬김의 사람이다.

성공으로 가는 시크릿

'베풀면 100배로 되돌려 받을 것'이라 하니
자선은 배우면 배울수록 색다른 흥미를 자아낸다. 본디 돈이란
베풀 때 가치가 올라간다지만 수혜자가 이를 적소에 쓰지 못한다면
아무 소용이 없을 것이다. 따라서 자선기금은
수혜자의 기초 생활과 형편을 향상시킬 수 있도록
교육하는 데 투입돼야 마땅하다.
자선단체에 기부했다면 기금의 용처를 분명히 알아야 한다.
예컨대, 2001년 9월 11일 테러 사건 당시 수억 달러가
뉴욕 당국과 유가족을 도울 요량으로 적십자에 기부되었으나
정작 당사자에게 돌아간 몫은 얼마 되지 않았다!
끝으로 당신이 베풀 수 있는 최고의 선물은 시간이다.
한 시간씩이라도 원대한 명분에 투자한다면
최고의 선물이 될 것이다. 물론 수백만 달러를 들여
유능한 전문가를 채용해도 좋겠지만 직원들이 스스로
수익을 창출할 수 있도록 시간을 내어 교육하는 편이
더 낫지 않을까?

Give and it shall be given back 100 fold. Interesting
when you learn the real gift of giving. Money is great to give.
However, what does it teach the receiver if the receiver
does not know how to spend it to improve self.
When you give to a worthy cause, they invest that money in
teaching others how to survive and grow. Insure you know where
your money is going should you invest or give to a charitable
offering. In the case of New York City and Sept. 11, 2001,
hundreds of millions of dollars were donated to the Red Cross
to help the City and families of those who's lives were taken,
but only a small share of that money ever made it to them!
TIME, time is the most valuable gift you can give anybody
or thing. You only have a certain amount of time on this planet
and how you choose to live determines how long you will be here.
An hour here or an hour there to promote a worthy cause is the
best gift you can give. Yes, you can give a million or more dollars
and that would hire several specialist, etc. However,
if you taught people how to make that money so they could grow
and prosper as you did, would that not move the world forward?

샤스타의 네 얼굴

집에 가기 전에 잠깐이나마 남태평양 샤스타 산Mt. Shasta의 모습을 살피며 이상적인 인생 여정을 마음에 새겨보자. 그러기에는 오늘만 한 날이 없을 듯싶다.

진홍, 자주와 황금빛깔, 달콤한 과일이 무르익은 널찍한 과수원을 빠른 걸음으로 지나가면, 신선한 공기와 후각세포를 자극하는 꽃향기가 오감을 환상의 세계로 안내한다. 사랑과 순결에 매료된 탓에 시간 가는 줄도 모를 것이다.

최북단의 푸르스름한 산림에는 눈이 뒤덮였고 간간이 서릿발이 앉았다. 눈부신 햇빛을 받은 서리는 영롱한 다이아몬드가 되고 눈을 입은 소나무의 뾰족한 끝은 반짝거린다. 부드러운 양털구름은 비단 휘장처럼 우아하게 정상을 감쌌다.

샤스타 휘장 위로 여왕의 형체가 하늘로 솟아 진줏빛 관을 씌운 푸른 돔dome에 살짝 닿았다. 순백 무결의 기도가 하나님께 상달된 것이다!

얼음 나라 왕the frost king이 사화산 위로 세운 장엄한 기념비(수세기 전 캘리포니아를 건설한)는 계곡과 산을 각각 기름진 토양과 귀중한 금으로 채웠다. 그러면 여유를 두고 새크라멘토 강the Sacramento River으로 가보자. 강은 형언할 수 없을 정도로 아름다울 뿐 아니라 속깨나 썩이는 아이처럼 감정이 들쭉날쭉하여, 큼지막한 호박돌 사이로 경쾌하게 흐르다가 간혹 끊어지는 급류에 춤을 추기도 한다.

암석 부스러기 사이나 큰 나무 뒤에서는 입을 쭉 내밀며 부루퉁한 표정을 짓는다. 그러나 대형 폭포 아래로 뛰어들라치면 나이아가라 빰칠 정도로 굉음을 낸다. 한편, 댐 위에서는 산길을 헤매는 호수처럼 평온히 잠을 청하는가 하면, 낮에는 아름다운 숲을, 밤에는 반짝이는 별을 담기도 한다.

샤스타 샘에 이를 무렵, 차에서 동편을 바라보면 브리달베일 폭포Bridal Veil Falls가 보인다. 수정빛 가는 물줄기는 암붕岩棚 높은 곳에서 내뿜는 수증기처럼 투명하다.

걸음을 멈추자 남쪽에서 불어오는 산들바람은 찬란한 휘장을 잡고 형형색색 꽃줄과 꽃다발로 끌고 가려고 발버둥을 친다. 분노한 무지개가 눈살을 찌푸린 벼랑 위에서 다이아몬드를 흩날리면 샤스타 샘은 바위에 거품을 낸다.

사람들을 보라! 손에 컵을 들고는 사금 위를 허둥지둥 달리며 보석을 담으려고 난리다. 대자연은 "마셔라! 마셔!" 하고 흥얼대며 샤스타 샘에 모두를 초대한다!

웅장하고 장엄한 협곡을 구불구불 따라가면 두 번째 고개가 등장한다. 저녁에 붉은 석탄 같은 태양이 태평양의 안개 위로 급히 사라지면, 장밋빛 구름이 알알이 박힌 하늘에는 불그스름한 화염이 남는다. 동편을 바라보면 푸르스름한 숲의 절반은 자줏빛 안개로 덮였다. 진홍빛은 점차 오렌지와 옅은 금색으로 퇴색되나 수정빛 정상은 일몰의 빛을 받아 커다란 다이아몬드처럼 발광한다.

에메랄드 왕좌에 앉은 샤스타 왕비Queen Shasta를 보라. 왕가의 웅장함을 두르고 금관을 쓴 그녀는 가장자리에 박힌 다이아몬드를 꺼내어 태평양과 저무는 태양을 두루 비춘다.

밤 10시, 남쪽을 보면 냉랭하고 맥이 빠진 잿빛 산이 있다. 달이 떴다. 표류하는 구름은 재투성이 주변에 도사리는 환영처럼 어두운 그림자를 드리웠다. 갈라진 구름 사이로 달빛이 눈 덮인 정상에 살포시 내리면 창백한 죽음이 드러났다.

밤은 아직 끝나지 않았다. 다시금 수의가 걸쳐지면 흑암은 샤스타의 자정을 묻는다.

새벽 4시, 샤스타의 또 다른 모습을 볼 차례다. 열차 아래

쪽(남쪽)에서 밖을 보니 붉은 별처럼 보이는 무언가가 나타났다. 별치고는 상당히 컸고 밝은 색의 삼각형인 데다 크기는 점점 커졌다. 새벽빛을 받은 샤스타의 정상이었다.

이윽고 이 빛깔은 진홍과 분홍 및 황금빛으로 발갛게 얼룩지며 산기슭으로 내려왔다. 로키 산을 지나온 첫 광선이 정상에 닿으면 수천 가닥의 부채꼴 빛이 뿜어진다.

이른 아침 보석으로 관을 쓴 여왕은 다시금 왕에게 문안 인사를 건네며 노래를 부른다.

일어나소서, 바위와 산이여!
일어나소서, 호수와 시내여!
일어나소서, 거대한 심연이여!
바위로 둘러싸인 해안을 마음껏 뛰며 번쩍이는 물보라를 일으키라.
낮의 왕께 경배하라! 그분이 영광을 여미고 오신다.
거센 파도여, 일어나 널리 선포하라.
산기슭이 전율하기까지.
태양의 고운 신부 샤스타여!
캘리포니아의 자존심 샤스타여!
아침의 여왕 샤스타여!

성 공 으 로   가 는   시 크 릿

무엇을 보며 여행하는가?
"세계의 창이 열렸으니 마음의 눈을 뜨고 보라."

When you take a trip, what do you see?
"The Window To The World Is Open,
So Open Up Your Mind's Eye And SEE."

마음은 끝없이 모습을 바꾼다.
그러니 큰 혼란 속에 놓여 있거나
그렇지 않거나 하는 것은 중요하지 않다.
언제나 어디서나 변화는 가능하다.
그것을 위해 노력하는 것만이
진정 값진 일이다.

-달라이 라마

침묵의 고백

황금빛 아침에는 격한 감정과 인생 역정이 당신을 땅에 묶어두고 마음을 따스하고 진실케 하며, 의심과 치욕의 구름에서 벗어나게 한다. 당신의 영혼이 '순백 무결의 기도'처럼 순수하고 은혜가 가득하다면 성령의 영광 안에서 무한한 신과의 합일 oneness 을 통해 정욕을 초월하게 될 것이다.

먼저 강을 따라가면 산의 진입로에 들어서게 된다. 정상에 오르고 싶다면 생명의 강 River of Life 에 난 신의 길 path of the Master 을 밟으라. 사랑의 분수 Fountain of Love 를 마신다면 원기를 회복하고 남을 섬기는 즐거움도 아울러 발견할 것이다.

다음으로 일몰은 인생의 영광을 상징한다. 인간은 에너지와 포부, 양심, 사랑 및 희망으로 인격을 빚고 은혜의 지침을 받는다. 또한 고난으로 순수해지고 섬김으로 강해지며 자선으로 부드러워지고 믿음으로 면류관을 얻는다.

세 번째로 평안의 잠은 황혼과 영원의 새벽 사이를 비집고 들어온다.

네 번째는 공의의 아들 the Son of Righteousness 이 산 자와 죽은 자를 살린다는 부활의 아침을 상징한다. 부활이란 인생 역정의 시험대이자 인격이 승리하는 순간이며, 사랑과 섬김이 상급을 받는 날일 뿐 아니라 궁극적인 성공의 잣대이기도 하다.

영생을 '입힐 수 있는' 그분의 영원한 사랑만 있다면 파란만장한 이 아침에 거듭남과 충만한 은혜, 그리고 믿음의 면류관을 받을 수 있을 것이다.

돈리의 법칙

비결=배우고(L) 적용한(A) 것을 가르치라(T)!

$$아이디어(계획) = \frac{HQ + C^1C^2}{TRIPS}$$

돈리의 법칙은 어떤 계획을 실현하는 데 크게 도움이 될 것이다. 앞서 소개한 강의에 근거하여 아래와 같이 정리해 두었으니 단계별로 차근차근 진행하면 된다. 이를 정확히 적용하려면 필수 과정을 거쳐야 한다.

계획을 완성해 나가는 방법대로 따르길 바란다. 그러려면 기억공식memory formula의 문자가 뜻하는 바를 이해하고 이를 실천할 순서(화살표를 따라가라)를 파악해야 한다.

H=인적자원+아이디어: 사람이 아이디어를 창출한다

Q=자질: 능력을 최대한 발휘한다면 무엇이든 이루어질 것이다

C^1=비용: 계획을 추진하는 데 따르는 비용을 파악해야 한다

C^2=커뮤니케이션: 계획과 비용 및 일정을 전달해야 한다

T=시간: 시간을 투자해야 계획이 완성된다

R=리스크(위험): 전반적인 계획을 이해했다면 리스크의 무게를 재봐야 한다

I=통합: 일정표에 실천 항목을 조목조목 적어두어야 한다

P=조달: 계획에 필요한 자재와 노동력을 파악한다

S=범위: 희망 결과(미리 적어두어야 한다)

계획(아이디어)을 성취해 나갈 때 첫술에 배부르는 일은 없다! 즉, 계획이란 항해와 같아서 단번에 목적지에 도달하는 법이 없다는 이야기다. '시간'이라는 바람도 늘 같은 방향으로 부는 것은 아니다.

저자는 『성공의 심리학』을 지구촌 모든 이들에게 '배우고 적용하며 가르칠 수 있도록' 귀감을 주려고 썼을 것이다. 기회가 될 때마다 배운 내용을 적용해 보고 새로 습득한 지식은 지인들과 나누면 좋을 것이다. 이제부터 '교사'가 돼보자.

후기를 대신하여

　세상은 기회로 홍수를 이루고 있다. 인터넷을 떠돌다 보면 온갖 프랜차이즈와 마케팅 회사 및 턴키 비즈니스Turnkey Business 등을 비롯하여, 파트타임 비즈니스만으로 성공하는 비결도 꽤 많다. 따라서 자신에게 알맞은 분야를 선택하는 일이 가장 큰 문제일 것이다.

　분야를 막론하고 앞서 언급한 '법칙'을 따르길 바란다. 우선 생각을 종이에 써두는 것이 중요하다! 비즈니스든 개인적 일이든 범위를 정했다면 이미 장족의 발전을 한 셈이다. 사재를 털기 전에 미리 정해두어야 손해 보는 일이 없을 것이다. 게다가 목표를 이해하는 데 충분한 시간을 가질 수 있어 좋다. 초반에 시간과 에너지를 넉넉히 투자하라.

　독자 여러분에게 감사하며, 더 나은 세상을 만들 수 있도록 습득한 지혜를 지인들과 공유하기를 기대해 본다. 모쪼록 대성하여 행복하고 건강하며 풍성한 삶을 영위하길 바란다.

브라이언 J. 돈리

| 나를 깨우는 성공의 지혜 |

성공의 심리학

초판 1쇄 발행 2010년 8월 20일
초판 2쇄 발행 2010년 9월 10일

지은이 뉴턴 N. 리델 원작 | 브라이언 J. 돈리 편저
옮긴이 유지훈
발행인 이기선
발행처 이김북스 Lee&Kim Books
주소 서울시 마포구 망원2동 467-30번지
전화 02-332-8320
팩스 02-332-8321
등록번호 제 313-2010-227호
등록일자 2010년 7월 21일
ISBN 978-89-964828-1-9 03180

값 12,000원